CHRISTIANE KRUSE

Wo die klugen Frauen wohnten
Auf den Spuren berühmter Frauen
in Deutschland

BRAUS

INHALT

- 5 **Vorwort**
- 6 Anna Amalia – Herzogin von Sachsen-Weimar-Eisenach
- 8 Bettine von Arnim
- 10 Hilla Becher
- 12 Elly Beinhorn
- 14 Hilde Benjamin
- 16 Cecilie – Kronprinzessin des Deutschen Reichs und von Preußen
- 18 Marlene Dietrich
- 20 Marion Gräfin Dönhoff
- 22 Annette von Droste-Hülshoff
- 24 Elisabeth – Kaiserin von Österreich und Königin von Ungarn
- 26 Elisabeth Förster-Nietzsche
- 28 Anne Frank
- 30 Catharina Elisabeth Goethe
- 32 Christiane von Goethe
- 34 Evelyn Hamann
- 36 Regine Hildebrandt
- 38 Hildegard von Bingen
- 40 Hannah Höch
- 42 Margot Honecker
- 44 Caroline von Humboldt
- 46 Heidi Kabel
- 48 Katharina II. Zarin von Russland
- 50 Charlotte Kestner
- 52 Irmgard Keun
- 54 Sarah Kirsch
- 56 Hildegard Knef
- 58 Käthe Kollwitz
- 60 Käthe Kruse
- 62 Else Lasker-Schüler
- 64 Lotte Lenya
- 66 Luise – Königin von Preußen
- 68 Katharina Luther
- 70 Rosa Luxemburg
- 72 Katia Mann
- 74 Sophie Mereau-Brentano
- 76 Maria Sibylla Merian
- 78 Paula Modersohn-Becker
- 80 Lucia Moholy
- 82 Gabriele Münter
- 84 Asta Nielsen
- 86 Emmy Noether
- 88 Gret Palucca
- 90 Brigitte Reimann
- 92 Franziska Gräfin zu Reventlow
- 94 Leni Riefenstahl
- 96 Grete Schickedanz
- 98 Charlotte von Schiller
- 100 Loki Schmidt
- 102 Sophie Scholl
- 104 Clara Schumann
- 106 Anna Seghers
- 108 Margarete Steiff
- 110 Charlotte von Stein
- 112 Eva Strittmatter
- 114 Cosima Wagner
- 116 Helene Weigel
- 118 Wilhelmine Markgräfin von Bayreuth
- 120 Christa Wolf
- 122 Clara Zetkin
- 124 **Ortsregister**

VORWORT

Ob Barockschloss oder Bauhausvilla, Patrizierhaus, Kloster, romantische Ritterburg, städtische Mietwohnung oder Landgut – in allen Regionen Deutschlands sind interessante und sehenswerte »Frauenorte« zu finden.

Mit **aktuellen Fotografien** und **unterhaltsamen Kurzbiografien** stellt das Buch eine attraktive Auswahl historischer Adressen und ihre ehemaligen Bewohnerinnen vor – berühmte und bemerkenswerte Frauen von der Weimarer Herzogin Anna Amalia bis zur Politikerin und Frauenrechtlerin Clara Zetkin, vom Mittelalter bis in die Gegenwart.

Besucht werden u. a. die bis heute populäre Klostergründerin Hildegard von Bingen, die gebildeten Frauen der Romantik Bettine von Arnim und Caroline von Humboldt, die Berliner Schauspielerinnen Marlene Dietrich und Hildegard Knef, die Unternehmerin Margarete Steiff in Giengen an der Brenz, Loki Schmidt in Hamburg sowie die legendäre Kaiserin Sisi von Österreich, die in München und dem nahe gelegenen Possenhofen aufwuchs. Die Leserinnen und Leser folgen den Spuren einzigartiger Persönlichkeiten, darunter Prinzessin Sophie aus der kleinen Stadt Zerbst in Sachsen-Anhalt, die zur russischen Zarin Katharina II. aufstieg, die selbstbewusste »Skandalgräfin« Franziska zu Reventlow, die – ihrer Zeit voraus – ein auch erotisch emanzipiertes Leben führte, oder Sophie Scholl, die mit außergewöhnlichem Mut gegen das Nazi-Regime aufstand.

In vielen ehemaligen Wohnsitzen berühmter Frauen befinden sich heute sehenswerte **Museen und Gedenkstätten**, die nicht selten die authentische Atmosphäre ihrer früheren Bewohnerinnen bewahrt haben, wie das »Droste-Häuschen« über den Weinhängen in Meersburg am Bodensee, die Sommervilla von Helene Weigel im brandenburgischen Kurort Buckow oder das Landhaus der Malerin Gabriele Münter im oberbayerischen Murnau.

Ein **Ortsregister** hilft bei der Orientierung auf den Spuren kluger Frauen.

ANNA AMALIA
Herzogin von Sachsen-Weimar-Eisenach,
geb. Prinzessin von Braunschweig-Wolfenbüttel

1739 Wolfenbüttel – 1807 Weimar

Die junge Herzogin (Gemälde von Johann Ernst Heinsius, um 1773, Weimar, Schloss Tiefurt)

Als »vollkommene Fürstin mit vollkommen menschlichem Sinn«, beschrieb Goethe Anna Amalia Herzogin von Sachsen-Weimar-Eisenach in seinem Nachruf. Mit ihrer starken Persönlichkeit, ihrer Aufgeschlossenheit und Liberalität und vor allem mit ihrem kulturellen Interesse hat sie entscheidend zur Blüte Weimars beigetragen.

Anna Amalia, eine Prinzessin von Braunschweig-Wolfenbüttel und Nichte des preußischen Königs Friedrich II. (»der Große«), wurde im niedersächsischen Barockschloss Wolfenbüttel geboren. Ihr Geburtszimmer kann dort besichtigt werden.

Nach einer wenig glücklichen Kindheit kam sie 16-jährig nach Weimar, als sie den nur zwei Jahre älteren Herzog Ernst August II. Constantin heiratete. Mit achtzehn war sie bereits Witwe, allein mit ihren kleinen Söhnen Karl August und Constantin und einem Herzogtum ohne Regenten.

Ohne darauf vorbereitet worden zu sein, übernahm sie selbst die Regierung und leitete sie bis zur Volljährigkeit des Erbprinzen Karl August im Jahr 1775. Aktiv in die Staatsgeschäfte eingreifend und sie nicht allein ihren Ministern und Beratern überlassend, ordnete sie den Staatshaushalt und modernisierte das rückständige Herzogtum auf den verschiedensten Gebieten. Sie ließ die Scheunen innerhalb Weimars abreißen und die offenen Kanäle zuschütten, führte eine Feuerversicherung ein, eröffnete ein

Weimar, Theaterplatz, »Wittumspalais«: Das 1767 bis 1769 von Johann Gottfried Schlegel und Adam Friedrich Oeser für den Weimarer Minister Jakob Friedrich Freiherr von Fritsch geschaffene Palais wurde 1774 Wohnsitz der Herzogin. Ihre einstigen Wohnräume sind heute als Museum zugänglich.

Tafelrunde bei Anna Amalia (Aquarell von Melchior Kraus, 1795)

Hebammen-Institut und gründete die nach ihr benannte Bibliothek, deren schöner Rokoko-Lesesaal heute zu den Sehenswürdigkeiten Weimars gehört. Mit der Berufung von Künstlerpersönlichkeiten, wie dem Schriftsteller Christoph Martin Wieland als Erzieher des Erbprinzen, begründete sie den Ruf Weimars als »Musenhof«. Anna Amalia war selbst künstlerisch tätig, malte, spielte Klavier, Cembalo, Harfe und Flöte; bei Konzerten im Festsaal ihres Palais trat sie als Sängerin auf. Sie komponierte – u. a. vertonte sie Goethes Singspiel »Erwin und Elmira« – und schrieb eine Abhandlung über Musik. Ungewöhnlich für eine Fürstin ihrer Zeit war auch ihre fast zweijährige Italienreise zwischen 1788 und 1790.

Das Wittumspalais am Theaterplatz, das sie 1774, nach dem verheerenden Brand des Weimarer Schlosses, ihrem vertrauten Minister Jakob Friedrich Freiherr von Fritsch abgekauft hatte, wurde ihr »Alterssitz« und Weimarer Kulturtreff. In ungezwungener Atmosphäre versammelte sie hier die berühmte »Tafelrunde«, einen bunten Kreis von Persönlichkeiten aus Adel, Bürgertum, Gelehrten und Künstlern. Der runde Tisch, an dem über antike Prachtgefäße oder über Gartenkunst diskutiert wurde, steht noch heute im großen Saal des Palais.

Auch auf ihren Sommersitzen, den bei Weimar gelegenen Landschlössern Belvedere, Tiefurt und Ettersburg, kam eine heitere, informelle Gesellschaft zusammen, in der vor allem gern und viel Theater gespielt wurde.

Bestattet ist die kultivierte Fürstin in der Weimarer Stadtkirche St. Peter und Paul (Herderkirche).

BETTINE VON ARNIM, geb. Brentano
Schriftstellerin

1785 Frankfurt/Main – 1859 Berlin

Viele Zeitgenossen beeindruckte das »Koboldhafte« ihrer Erscheinung, die dunklen Locken und die ausdrucksstarken braunen Augen (Gemälde von Achim von Arnim-Bärwalde nach einer zeitgenössischen Miniatur, 1890).

Bettine (auch Bettina) von Arnim wuchs als Tochter des reichen Großkaufmanns Pietro Antonio Brentano und seiner zweiten Frau Maximiliane, einem Jugendschwarm Goethes, in der Großen Sandgasse in Frankfurt am Main auf. Das repräsentative Stadthaus ist heute längst verschwunden. Der Wohnsitz ihrer Großmutter, der damals sehr prominenten Schriftstellerin Sophie von La Roche in Offenbach am Main, in den Bettine nach dem frühen Tod der Eltern aufgenommen wurde, ist ebenfalls nicht erhalten. Und auch ihre späteren Berliner Adressen im ehemaligen, auf dem heutigen Reichstagsgelände gelegenen Palais Raczynski und In den Zelten 5 (heute Bettina-von-Arnim-Ufer) nahe dem »Haus der Kulturen der Welt« gibt es nicht mehr.

Ihr Name ist deshalb eng mit dem brandenburgischen Schloss und Gut Wiepersdorf verbunden, das ihrem Mann Achim von Arnim (1781–1831) gehörte, einem der führenden Schriftsteller der Romantik, der durch seine mit Bettines Bruder Clemens Brentano herausgegebene Volksliedsammlung »Des Knaben Wunderhorn« bekannt wurde.

Wiepersdorf (zu Niederer Fläming/Brandenburg), Bettina-von-Arnim-Straße 13, Schloss Wiepersdorf: Seit 1813 lebte Bettine hier mit ihrem Mann Achim von Arnim. Das Gutshaus, im ärmlichen Brandenburg übertreibend als »Schloss« bezeichnet, wurde von 1731 bis 1738 erbaut und später neobarock umgestaltet. Heute dient es als »Künstlerhaus Schloss Wiepersdorf«. Ein kleines Museum informiert über die Familie von Arnim.

Zentrum ihrer Kindheit: Das Haus »Zum Goldenen Kopf« in Frankfurt am Main, Große Sandgasse (zeitgenössisches Aquarell). Das repräsentative, nicht erhaltene Stadthaus gehörte ihrem Vater, dem schwerreichen italienischstämmigen Großkaufmann Pietro Antonio Brentano, der aus drei Ehen zwanzig Kinder hatte.

Seit 1813 lebten Bettine und Achim in Wiepersdorf mit ihren später sieben Kindern unter einfachsten Verhältnissen. »Beiden wäre zu wünschen«, schrieb Wilhelm Grimm im Juni 1816 an seinen Bruder Jacob, »dass sie aus dieser Lebensart herauskämen. [...] Die Kinder werden fast wie Bauernkinder aufgezogen und laufen in Kitteln, deren Zeug die Bettine selbst gewebt. [...] die Bettine führt die Haushaltung selbst, hat alles Schwere, z. B. gutes Kochen, leicht erlernt, hat aber keine Lust an diesem Wesen [...].«

Während ihr Mann das Gut als Existenzgrundlage seiner nicht gerade wohlhabenden Familie engagiert bewirtschaftete, litt sie auf die Dauer unter dem kärglichen und isolierten Landleben und verbrachte schon bald einen großen Teil des Jahres in Berlin. Achims Lieferungen von Butter, Eiern, Geflügel, Wild, Obst und Gemüse waren dort allerdings sehr willkommen.

Bettine war eine eigenständige, bis ins Alter sehr lebhafte und unkonventionelle Frau, die sich unerschrocken einmischte und deshalb nicht überall beliebt war. Mit dem Schreiben begann sie erst nach dem Tod ihres Mannes; heute ist sie populärer als er. Berühmt wurde sie durch ihr Buch »Goethes Briefwechsel mit einem Kinde« (1835), eine Sammlung zum Teil fiktiver Briefe zwischen ihr und Goethe, den sie von klein auf kannte und glühend verehrte, von ihm aber als »leidige Bremse« empfunden wurde. Gleichwohl war sie mit seiner Mutter → Catharina Elisabeth Goethe befreundet, in deren Frankfurter Haus sie als junge Frau ein und aus ging. Courage bewies Bettine mit »Dies Buch gehört dem König« (1843), eine Kritik an sozialen Missständen in Preußen. »Frau von Arnim«, hieß es damals, »repräsentiert für die höheren Kreise in Berlin die Opposition [...].«

Mit ihrem Mann, den sie um 28 Jahre überlebte, ruht sie auf dem Familienfriedhof an der Wiepersdorfer Gutskirche.

HILLA BECHER, geb. Wobeser
Fotokünstlerin

1934 Potsdam – 2015 Düsseldorf

Mit ihrem Mann und künstlerischen Partner Bernd Becher

Hilla Becher war nicht nur Fotografin, sie gehört zu den international bedeutenden Fotokünstlerinnen des 20. Jahrhunderts. Ihr Werk wird stets in einem Atemzug mit ihrem Mann Bernd Becher (1931–2007) genannt. Fast 50 Jahre lang arbeiteten sie zusammen. Ihr fotografisches Œuvre betrachten sie als Gemeinschaftswerk, in dem keine individuelle Handschrift erkennbar ist.

»H & B«, die 1972 auf der Documenta in Kassel, der weltweit beachteten Ausstellung für zeitgenössische Kunst, bekannt wurden, machten sich die fotografische Dokumentation von alten abrissgefährdeten Industrieanlagen zur Lebensaufgabe: Zechen im Ruhrgebiet, Wassertürme, Getreidesilos, Fördertürme, Hochöfen, Kühltürme oder Fachwerkhäuser im Industriegebiet der Bergbaustadt Siegen, Fabrikhallen in Wales, Belgien, Frankreich, Luxemburg und selbst in den USA. Alle Orte bereisten sie mit ihrem VW-Bus, ab 1964 mit Sohn Max, der heute selbst ein renommierter Fotograf ist. Nebenbei engagierten sie sich für den Erhalt historischer Industrieanlagen, darunter die Dortmunder Zeche Zollern II – heute ein beliebtes Industriemuseum.

Mit ihren großformatigen Bildserien – immer schwarz-weiß, streng formal und menschenleer – entwickelte Hilla Becher mit ihrem Mann eine neue Art von Ästhetik. Sie hatten einen anderen Blick auf die Dinge. Die langsam verrottenden, für die meisten einfach nur hässlichen Industriebauten setzten sie als »anonyme Skulpturen« in Szene, die sich nachhaltig ins Gedächtnis des Betrachters einprägen.

Düsseldorf-Kaiserswerth, Suitbertus-Stiftsplatz 3, Kunstarchiv Kaiserswerth: Seit 2002 war die alte Schule im historischen Stiftsbezirk von Kaiserswerth Wohnsitz von Hilla und Bernd Becher. Im Museum Kunstarchiv Kaiserswerth sind heute ihre Bilder untergebracht.

Mit ihren Fotografien dokumentierten Hilla Becher und ihr Mann Bernd die alte, allmählich in Vergessenheit geratende Industriekultur. Hier der Kohlebunker mit Löschturm auf der Zeche Carolinenglück in Bochum, 1967.

Die Bechers gelten als Begründer der Düsseldorfer Fotoschule, ihre Schüler wie Candida Höfer, Andreas Gursky, Thomas Ruff und Thomas Struth sind heute selbst internationale Größen der Fotografen-Avantgarde.

Dabei war nur Hilla Becher ausgebildete Fotografin. Ihr Mann war gelernter Dekorationsmaler und studierter Maler, als Fotograf war er Autodidakt. Dennoch wurde er und nicht sie 1976 Professor für Fotografie an der Düsseldorfer Kunstakademie.

Hilla Becher hatte schon mit dreizehn fotografiert, nachdem ihr ihre Mutter, selbst Fotografin, einen Fotoapparat geschenkt hatte. Sie machte eine Fotografenlehre in ihrer Heimatstadt Potsdam, wo sie mit drei Geschwistern in einem bürgerlichen Haushalt aufwuchs, und dokumentierte gemeinsam mit Walter Eichgrün den Schlosspark von Sanssouci. Ihre Gesellenarbeit allerdings waren Aufnahmen des Potsdamer Gaswerks – ein erster Anfang ihrer späteren Leidenschaft für die Industriefotografie. Sie wurde Werbe- und Luftbildfotografin in Hamburg und kam 1957 nach Düsseldorf, das 58 Jahre lang ihre Wahlheimat blieb – bis zu ihrem Tod im Jahr 2015.

Mit anderen Künstlern, unter ihnen Günther Uecker, lebten und arbeiteten sie und ihr Mann ab 1964 in der alten Einbrunger »Künstlermühle« Am Mühlenkamp in Düsseldorf-Wittlaer. Erst 2002 bezogen sie Wohnung und Atelier in der zum Kunstarchiv Kaiserswerth umgebauten ehemaligen Schule im Zentrum des Orts.

ELLY BEINHORN
Sportpilotin

1907 Hannover – 2007 Ottobrunn/Bayern

Elly Beinhorn und der Autorennfahrer Bernd Rosemeyer waren ein Traumpaar in der Welt des Sports.

Als Karrierefrau, erfolgreiche Buchautorin, vor allem aber als eine der ersten deutschen Pilotinnen ist Elly Beinhorn eine Legende. Anders als ihre Kolleginnen Melitta Gräfin Schenk von Stauffenberg, Hanna Reitsch und Beate Uhse war sie jedoch ausschließlich Sportpilotin und flog nicht für die deutsche Luftwaffe.

Durch ihre gewagten Alleinflüge wurde Beinhorn bereits als junge Frau von Mitte zwanzig berühmt – und das in einem Metier, das damals fast noch eine reine Männerdomäne war.

1931 flog sie mit einem Sportflugzeug über 7.000 Kilometer allein nach Afrika. Eine Notlandung in der Sahara nahe der Wüstenstadt Timbuktu, die sie mithilfe des einheimischen Songhai-Stamms überstand, die »noch nie einen weißen Menschen gesehen hatten«, brachte ihr erste Medienaufmerksamkeit. »Meine Notlandung«, sagte sie später, »hat mehr Schlagzeilen gebracht als die tollste Flugleistung.«

Aufsehen erregte auch ihre Weltumrundung vom 4. Dezember 1931 bis zum 23. Juli 1932, die sie über Südasien und Australien bis ins argentinische Buenos Aires führte. Weitere Langstreckenflüge folgten, darunter nach Istanbul, Damaskus und Kairo sowie mit dem neuentwickelten Leichtflugzeug »Messerschmitt Bf 108«, gen. »Taifun«, an einem Tag vom schlesischen Gleiwitz (heute Gliwice/Polen) an den Bosporus und zurück nach Berlin: 3.470 Kilometer in dreizehneinhalb Stunden.

Berlin-Westend, Bayernallee 10: Ihre Wohnung, die auf einem Flur mit der des expressionistischen Malers Emil Nolde lag, wurde im Zweiten Weltkrieg ausgebombt und wieder aufgebaut.

Ein Star der Dreißigerjahre: die Sportpilotin Elly Beinhorn

Auch ihr privates Leben schien perfekt. Im Juni 1936 heiratete Beinhorn den gefeierten Autorennfahrer Bernd Rosemeyer, den sie im Jahr zuvor bei einem Rennen auf dem Masaryk-Ring bei Brünn (Tschechien) kennengelernt hatte. Sie galten als Traumpaar, aber ihr Glück währte nur kurz: Am 28. Januar 1938, zehn Wochen nach der Geburt ihres Sohnes Bernd junior, der später ebenfalls ein bekannter Rennfahrer wurde, verunglückte Rosemeyer bei einem Weltrekordversuch tödlich.

Beinhorn heiratete 1941 in zweiter Ehe den Industriekaufmann Karl Wittmann, mit dem sie eine Tochter hatte, und lebte später u. a. in Freiburg/Breisgau und in München. Ihre Flugerlebnisse verstand sie geschäftstüchtig in Vorträgen und Büchern zu vermarkten. Ihre Titel, darunter »Ich fliege um die Welt«, ihre Autobiografie »Alleinflug – mein Leben« und »Mein Mann, der Rennfahrer«, ihre Erinnerungen an Rosemeyer, werden zum Teil bis heute verlegt.

Nach Ende des Zweiten Weltkriegs flog sie wieder und erhielt zahlreiche Auszeichnungen. Ihre Flugkarriere faszinierte so sehr, dass bis heute gern ausgeblendet wird, wie sehr sie einst von der NS-Diktatur profitiert hatte. Keineswegs eine überzeugte Nationalsozialistin, sondern nach eigener Einschätzung reine Sportlerin, die sich nicht für Politik interessierte, hatte sie sich naiv und unkritisch als Vorzeigefigur des sportbegeisterten Nazi-Regimes vereinnahmen lassen.

Wie ihr erster Mann Bernd Rosemeyer ruht Elly Beinhorn, die 100 Jahre alt wurde, auf dem Waldfriedhof in Berlin-Dahlem.

HILDE BENJAMIN, geb. Lange
Juristin, Ministerin

1902 Bernburg/Sachsen-Anhalt – 1989 Berlin/DDR

Wegen ihrer harten Urteile wurde sie als »blutige Hilde« gefürchtet. Das Foto zeigt sie auf einem Frauenkongress in Berlin 1964.

Zum engeren Kreis der DDR-Politprominenz gehörend, zog Hilde Benjamin bald nach Ende des Zweiten Weltkriegs aus ihrer Berliner Wohnung in der Prenzlauer Allee 172 in die Funktionärssiedlung im Stadtteil Pankow: 1952 in die inzwischen abgerissene Villa Majakowskiring 59 und 1970 in das Haus Rudolf-Ditzen-Weg 18/20.

In der DDR machte sie von Anfang an Karriere: Von 1949 bis 1953 war sie Vizepräsidentin des Obersten Gerichts, 1953 bis 1967 die (weltweit erste) Justizministerin und anschließend Juraprofessorin an der Berliner Humboldt-Universität. Wegen ihrer harten Gerichtsverhandlungen nach dem Vorbild sowjetischer Schauprozesse, in denen sie Oppositionelle und Andersdenkende wie die Zeugen Jehovas u. a. wegen »Hetze gegen die DDR« zu extrem hohen Zuchthausstrafen verurteilte, ist sie jedoch vor allem als »Scharfrichterin der DDR«, »rote Guillotine« oder – in Anspielung auf den erbarmungslosen Präsidenten des NS-Volksgerichtshof Roland Freisler – als »weiblicher Freisler« im öffentlichen Gedächtnis geblieben.

Schon seit jungen Jahren war Hilde Benjamin, die mit zwei jüngeren Geschwistern als Kaufmannstochter in einem bürgerlich-liberalen Elternhaus in Berlin-Steglitz aufgewachsen war, engagierte Kommunistin. 1929, als Rechtsanwältinnen noch zu einer Minderheit zählten, hatte sie im proletarischen Bezirk Wedding ihre erste Kanz-

Berlin-Pankow, Rudolf-Ditzen-Weg 18/20: Ihre letzte Adresse. In der ehemaligen Villa eines Lederfabrikanten lebte Benjamin gemeinsam mit ihrem Sohn und dessen Familie. Direkt gegenüber steht das ehemalige Wohnhaus des Schriftstellers Hans Fallada. Ihr Büro befand sich im DDR-Justizministerium in der Dorotheenstraße 93 im Zentrum Ostberlins.

1952 als Richterin im Prozess gegen den »Untersuchungsausschuss freiheitlicher Juristen«.

lei eröffnet und die nach den brutalen Straßenschlachten zwischen Kommunisten und der Polizei, dem berüchtigten »Blutmai«, angeklagten Arbeiter verteidigt.

Die linke Weltanschauung teilt sie mit ihrem Mann Georg Benjamin (1895–1942), ein Bruder des prominenten Schriftstellers und Philosophen Walter Benjamin, der 1926 ihr Trauzeuge gewesen war. Georg arbeitete als Weddinger Schularzt – bis er als Jude und Kommunist von den Nazis eingesperrt und 1942 im KZ Mauthausen umgebracht wurde. »Die Liebe zu Georg und die Kommunistische Partei«, schreibt Marianne Brentzel über Hilde Benjamin, »scheinen sich in ihrem Leben unauflöslich verknüpft zu haben.« Ihre später so überaus harte Haltung gegenüber »Abweichlern« wird so zwar nicht entschuldbar, jedoch etwas begreiflicher.

Hilde Benjamin, die während des NS-Regimes nicht mehr als Anwältin arbeiten durfte, schlug sich als juristische Beraterin der Sowjetischen Handelsgesellschaft durch. Unter ihrem Geburtsnamen Lange lebte sie wieder bei ihren Eltern in der Steglitzer Düntherstraße 7 (später für den Bau der Stadtautobahn abgerissen) und ab 1942 auf einem Gartengrundstück im brandenburgischen Brieselang, wo sie sich mit ihrem kleinen Sohn Michael, der als »Halbjude« galt, zeitweise versteckte.

Das Ende der DDR musste die zeitlebens linientreue Kommunistin nicht mehr erleben. Sie starb am 18. April 1989 – ein halbes Jahr vor der politischen Wende. Wie viele ihrer Weggefährten ist sie mit Mann und Sohn auf dem Zentralfriedhof in Berlin-Friedrichsfelde bestattet.

CECILIE
Kronprinzessin des Deutschen Reichs und von Preußen, geb. Prinzessin zu Mecklenburg-Schwerin

1886 Schwerin – 1954 Bad Kissingen

Schön und elegant: Deutschlands letzte Kronprinzessin

Mit Kronprinz Wilhelm lebte Cecilie u. a. im Berliner Kronprinzenpalais Unter den Linden und im Potsdamer Stadtschloss, das 2014 als Sitz des brandenburgischen Landtags rekonstruiert wurde, sowie im Marmorpalais im Potsdamer Neuen Garten. »Ihr« Schloss aber war der Cecilienhof – der letzte Schlossbau der Hohenzollern, der zwischen 1913 und 1917 nach Plänen von Paul Schultze-Naumburg für das Kronprinzenpaar am Rand des Neuen Gartens entstanden war. Ein rustikaler Bau aus Naturstein und Fachwerk, mit dunklen Holzvertäfelungen und Butzenscheiben. Anders Cecilies Privaträume in der ersten Etage: leichter und heller, mit Einbaumöbeln von Paul Troost – einer davon im Stil einer Schiffskabine.

Eine glänzende Zukunft lag vor ihr, als sie Anfang Juni 1905 den preußischen Kronprinzen heiratete. Die viertägige Hochzeitsfeier mit 1700 Gästen aus ganz Europa war das Ereignis des Jahres. 1906 wurde der Thronfolger geboren, fünf weitere Kinder folgten.

Cecilie war eine mecklenburgische Prinzessin. Als jüngstes von drei Kindern hatte sie ihre Kindheit im romantischen Schloss Schwerin und im Jagdschloss Gelbensande verbracht, das sich ihr Vater Großherzog Friedrich Franz III. von Mecklen-

Potsdam, Im Neuen Garten 11, Schloss Cecilienhof: Cecilies Wohnsitz als preußische Kronprinzessin. Das Schloss ist heute bekannt als Austragungsort und Gedenkstätte der Potsdamer Konferenz, auf der der britische Premierminister Churchill, US-Präsident Truman und der sowjetische Staatschef Stalin im Sommer 1945 über die Zukunft Deutschlands verhandelten. Auch Cecilies ehemalige Privaträume können besichtigt werden.

burg-Schwerin 1885 bis 1887 von Gotthilf Ludwig Möckel als Sommerresidenz hatte erbauen lassen. Auf ihre Rolle als zukünftige Kaiserin war sie standesgemäß vorbereitet. Sie beherrschte mehrere Sprachen und wusste sich weltgewandt zu bewegen, denn nach dem frühen Tod ihres Vaters war sie viel gereist und hatte mit ihrer Mutter Großfürstin Anastasia Michailowna einen Teil ihrer Kindheit in Russland verbracht. Ihre repräsentativen, vor allem caritativen Kronprinzessinnenpflichten, u. a. für verschiedene Frauenverbände und die von ihr ins Leben gerufene Cecilienhilfe, fielen ihr deshalb leicht.

Vor allem aber war sie das schöne Gesicht der Kaiserfamilie: 1,82 Meter groß, schlank, üppige dunkle Haare, sanfter Blick und sehr elegant. Ihre Kleider und Hüte waren für viele Frauen ihrer Zeit ein Modevorbild.

Die politischen Umschwünge änderten alles. Wie sein Vater, der abgedankte Kaiser Wilhelm II., ging der Kronprinz nach dem Ende der Monarchie Ende 1918 ins niederländische Exil. Cecilie lehnte es ab, ihm zu folgen und blieb mit ihren Kindern in Deutschland. Ab 1926 – nach dem Verzicht auf jegliche Thronansprüche hatte ihr Mann zurückkehren dürfen – lebte sie mit ihm wieder gemeinsam auf Cecilienhof, wo sie mit prominenten Gästen wie dem Pianisten Wilhelm Kempff und dem Dirigenten Wilhelm Furtwängler einen musikalischen Salon etablierte.

1945 floh das Ex-Kronprinzenpaar vor der einrückenden Roten Armee nach Süddeutschland. Hier gingen sie getrennte Wege, denn ihre Ehe war an der Untreue Wilhelms längst gescheitert. Cecilie bewohnte zwei Zimmer in der Villa Sotier in Bad Kissingen und ab 1952 ein Haus in Stuttgart.

Bestattet ist sie auf der Burg Hohenzollern in Baden-Württemberg.

Gelbensande (Mecklenburg-Vorpommern), Am Schloss 1, Jagdschloss Gelbensande: Wie ein Märchenschloss liegt die einstige Sommerresidenz ihres Vaters, Großherzog Friedrich Franz III. von Mecklenburg-Schwerin, in der Rostocker Heide. Hier verbrachte Cecilie unbeschwerte Kindheitstage und verlobte sich am 4. September 1904 mit dem deutschen Kronprinzen. Die heiteren, unzeremoniellen Wohnräume sind heute als Museum zugänglich.

MARLENE DIETRICH
Schauspielerin, Sängerin

1901 Berlin – 1992 Paris

Ein Weltstar aus Berlin: Marlene Dietrich (Aufnahme aus ihrem erstem Hollwood-Film »Morocco«, 1930). Sie prägte einen neuen, forschen Frauentyp, der Hosenanzüge und Krawatten trägt.

Marlene Dietrich, die wohl berühmteste Berlinerin, stammte aus Schöneberg, das erst 1920 zu Berlin eingemeindet wurde. In ihrem Geburtshaus in der Leberstraße verbrachte sie nur die ersten drei Lebensjahre. Ihre Familie zog häufig um, u. a. 1908 in die Tauentzienstraße 13 in der heutigen City West zwischen Wittenbergplatz und Kaiser-Wilhelm-Gedächtniskirche. Diese und andere Adressen Dietrichs sind nicht erhalten.

Herkunft und Erziehung waren gutbürgerlich. Der Vater Louis, der schon 1907 starb, war Königlicher Polizeileutnant, ihre Mutter Josephine eine Berliner Juwelierstochter. Neben dem Schulbesuch – kurze Zeit davon in Dessau, wo ihr Stiefvater Leutnant Edouard von Losch stationiert war – bekam Dietrich Gesangs- und Geigenstunden. 1920/21 studierte sie an den Konservatorien in Weimar und Berlin, musste ihre Ausbildung jedoch wegen einer Sehnenentzündung abbrechen. Sie nahm Schauspielunterricht bei Max Reinhardt und erhielt kleine Rollen an Berliner Theatern, in Revuen und Stummfilmen.

Berlin-Schöneberg, Leberstraße 65: In der ersten Etage verbrachte Marlene Dietrich mit ihrer ein Jahr älteren Schwester Elisabeth ihre frühe Kindheit. Im Erdgeschoss befand sich damals das Polizeirevier 4 – der Arbeitsplatz ihres Vaters, Polizeileutnant Louis Dietrich.

Berliner Fassadenmalerei mit dem Porträt Dietrichs

Sie heiratete den jungen Filmproduktionsassistenten Rudolf Sieber und bezog mit ihm und ihrer kleinen Tochter Maria (geboren 1924, verh. Riva) Mitte der 1920er Jahre eine Wohnung im obersten Stock des damals neu erbauten Hauses Bundesallee 54 am Wilmersdorfer Volkspark. Ein ganz normales Leben, bis US-Regisseur Josef von Sternberg sie 1929 entdeckte und mit der Rolle des Varieté-Girls »Lola Lola« und dem Song »Ich bin von Kopf bis Fuß auf Liebe eingestellt« in der Heinrich-Mann-Verfilmung »Der blaue Engel« zum Star machte.

Schon wenige Stunden nach der Premiere des Ufa-Films, die am 1. April 1930 im Berliner Gloria Palast stattgefunden hatte, reiste Marlene nach Hollywood ab – mit einem Vertrag der Paramount Studios im Gepäck. Als disziplinierte preußische Beamtentochter verstand sie es, sich mit dem rigiden Filmgeschäft in Hollywood zu arrangieren und drehte, außer mit Sternberg, auch mit so bedeutenden Regisseuren wie Alfred Hitchcock, Orson Welles und den »Berlin-Emigranten« Ernst Lubitsch, Fritz Lang und Billy Wilder.

Auch als Sängerin mit eigener Bühnenshow und Songs, wie »Ich hab' noch einen Koffer in Berlin« und »Sag mir, wo die Blumen sind«, machte sie Karriere. Ihre Galaroben, darunter der weiße Schwanenmantel, der sich in ihrem Nachlass im Berliner Filmmuseum befindet, sind legendär. »Ich kann nicht singen«, so die Dietrich selbst, »also muss das, was ich trage, eine Sensation sein.«

Dass sie Deutschland verlassen hatte – NS-Propagandaminister Goebbels hatte später vergeblich versucht, sie zur Rückkehr zu bewegen –, die US-Staatsbürgerschaft annahm und während des Zweiten Weltkriegs vor US-Soldaten sang, nahmen ihr viele Deutsche nachhaltig übel.

Trotzdem wünschte sich die Dietrich, die seit 1976 zurückgezogen in Paris lebte, in Berlin bestattet zu werden. Auf dem Friedhof in der Friedenauer Stubenrauchstraße befindet sich ihr Grab.

MARION GRÄFIN DÖNHOFF
Journalistin, Herausgeberin

1909 Schloss Friedrichstein/Ostpreußen (heute Russland) – 2002 Schloss Crottorf/Rheinland-Pfalz

Als junge Journalistin

»Bravo! Ein tolles Leben«, soll der Postkartenverkäufer in ihrem langjährigen Ferienort Forio auf der italienischen Insel Ischia gerufen haben, als er vom Tod der 92-jährigen Marion Gräfin Dönhoff erfuhr.

Sie war eine der prominentesten deutschen Journalistinnen und über viele Jahrzehnte eine kritische Beobachterin bundesrepublikanischer Politik. Bekannt wurde die promovierte Volkswirtin durch ihre Mitarbeit bei der Hamburger Wochenzeitung »Die Zeit«, wo sie 1946 Redakteurin des Politik-Ressorts, 1968 Chefredakteurin und 1973 Herausgeberin wurde. An der Seite des Verlegers Gerd Bucerius prägte sie das linksliberale Image des Blattes maßgebend mit. In ihren Artikeln nahm sie regelmäßig zu gesellschaftspolitischen Themen Stellung. Sie kritisierte die restaurative Politik von Bundeskanzler Konrad Adenauer, unterstützte später die Ostpolitik Willy Brandts, gründete 1988 selbst eine Stiftung für Völkerverständigung zwischen der Bundesrepublik Deutschland und Osteuropa und beanstandete den Egoismus der westlichen Gesellschaft. Ihre Forderung, dem Kapitalismus ethische Werte entgegenzusetzen, ist heute aktueller denn je (»Zivilisiert den Kapitalismus. Grenzen der Freiheit«, 1997).

Hamburg-Blankenese, Am Pumpenkamp 4: Vierzig Jahre lang war das Haus von Marion Gräfin Dönhoff Treffpunkt vieler Politiker und Intellektueller wie Helmut und Loki Schmidt.

Im Wasserschloss Crottorf, dem Besitz ihres Neffen Hermann Graf Hatzfeldt bei Friesenhagen in Rheinland-Pfalz, starb Gräfin Dönhoff am 11. März 2002. Ihr Grab liegt auf dem Ortsfriedhof.

Ihr Hamburger Häuschen bewohnte die zeitlebens unverheiratete und kinderlose »rote Gräfin« seit 1961 mit Haushälterin und Hund zur Miete, bis es ihr Bucerius 1973, nach ihrem Abschied als Chefredakteurin, als Schenkung überließ. Die ebenso gediegene wie lebendige Atmosphäre des Hauses hat ihr Neffe Friedrich 2002 in seinem Buch »Die Welt ist so, wie man sie sieht. Erinnerungen an Marion Dönhoff« beschrieben. Hier lud sie viele Jahre zu »Dönhoffs Kaffeekränzchen« ein, um mit prominenten Gästen, darunter der Physiker Carl Friedrich von Weizsäcker und Exbundeskanzler Helmut Schmidt, zu diskutieren.

Privat hatte Dönhoff Schweres erlebt: 1944 hatte sie viele ihrer Freunde verloren – hingerichtet als Mitverschwörer nach dem gescheiterten Hitler-Attentat von Oberst Claus Graf Schenk von Stauffenberg. In ihrem Buch »Um der Ehre willen. Erinnerungen an die Freunde vom 20. Juli«, erwähnt sie, dass sie selbst im NS-Widerstand aktiv gewesen war. Sie hatte im Bekanntenkreis geeignete Mitarbeiter für eine Nachkriegsordnung zu gewinnen versucht. Nur weil ihr Name in keiner der konfiszierten Unterlagen gestanden hatte, war sie damals einer Verhaftung entgangen.

Anfang 1945 war Dönhoff zu Pferd vor der vorrückenden Roten Armee aus ihrer ostpreußischen Heimat nahe Königsberg geflohen – ein Abschied für immer: Schloss Friedrichstein, der Stammsitz ihrer Familie, auf dem sie als jüngstes von sieben Geschwistern eine glückliche Kindheit verbracht hatte, brannte zwei Tage nach ihrer Flucht vollständig nieder. Die ehemalige deutsche Provinz Ostpreußen, nach dem Zweiten Weltkrieg zur Sowjetunion gehörend, blieb lange unerreichbar. Erst 1989 sah Dönhoff ihre frühere Heimat wieder.

ANNETTE VON DROSTE-HÜLSHOFF
Schriftstellerin

1797 Burg Hülshoff bei Münster –
1848 Meersburg/Baden-Württemberg

Ausschnitt aus einem Gemälde von Johann Joseph Spick, 1838

Auch wenn sie inzwischen nur noch wenig gelesen wird, gilt Annette von Droste-Hülshoff noch immer als eine der berühmtesten deutschen Schriftstellerinnen. Ihr Porträt mit dem schmalen, feinen Gesicht und der sorgfältig geflochtenen Biedermeierfrisur ist nicht nur aus zahlreichen Literaturgeschichten, sondern auch vom früheren 20-DM-Schein vertraut. Und ihre romantischen Lebens- und Wirkungsorte sind heute Gedenkstätten: In der Burg Hülshoff in Havixbeck bei Münster wuchs sie mit zwei jüngeren Brüdern und ihrer zwei Jahre älteren Schwester Jenny auf – eine alte Wasserburg, auf deren Gelände 1540 bis 1545 der heutige Renaissancebau errichtet wurde und sich jetzt ein Droste-Museum mit Gemälden ihrer Vorfahren, der Bibliothek und persönlichen Erinnerungsstücken befindet. In ihrem Romanfragment »Bei uns zu Lande auf dem Lande« gibt sie einen Einblick in ihr Elternhaus in der westfälischen Provinz.

Nach dem Tod ihres Vaters war sie 1826 mit Mutter und Schwester ins nahe gelegene Rüschhaus gezogen. Mehr als zwanzig Jahre lang blieb es ihr Zuhause. Das ebenfalls als Museum eingerichtete Anwesen zeigt u. a. ihr original erhaltenes Wohn-

Münster, Am Rüschhaus 81, Museum Haus Rüschhaus: Das zwischen 1745 und 1749 von Johann Conrad Schlaun erbaute Herrenhaus bewohnte sie zwanzig Jahre lang.

Meersburg (Baden-Württemberg): Blick auf die Alte Burg, in der die Droste häufig zu Gast war.

Ihr Wohn- und Arbeitsraum im Rüschhaus, den sie ihr »Schneckenhäuschen« nannte (Zeichnung von Annette von Droste-Hülshoff).

und Arbeitszimmer, in dem ihre bekanntesten Werke »Die Judenbuche« (1842), eine düstere Geschichte um Mord und Schuld, sowie auch die Ballade »Der Knabe im Moor« (1842) entstanden sind.

Droste, die unverheiratet blieb – ihre Jugendliebe zu dem literaturinteressierten Jurastudenten Heinrich Straube war gescheitert –, führte ein äußerlich wenig ereignisreiches, ja isoliertes Leben. Das Schreiben wurde zum Lebensinhalt: »Was soll ich Ihnen von meiner Lebensweise sagen? Sie ist so einförmig, wie Sie sie kennen und sie mir grade zusagt [...].«

Eine willkommene Abwechslung boten die Besuche im Bodensee-Städtchen Meersburg, wo ihre Schwester Jenny mit ihrem Mann, dem Germanisten Freiherr Joseph von Laßberg, inzwischen die hoch über dem Ort gelegene Alte Burg bewohnte, deren erste bauliche Spuren auf die Zeit der Merowinger um 628 zurückgehen. Drostes Wohnräume und das Zimmer, in dem sie, die lebenslang kränklich war, am 24. Mai 1848 starb, können auf einem Rundgang durch das Burgmuseum besichtigt werden. Ihr Grab liegt auf dem Ortsfriedhof.

In Meersburg befindet sich eine weitere Droste-Gedenkstätte. Es hatte ihr im milden Klima der Gegend so gut gefallen, dass sie im November 1843 als eigenen kleinen Wohnsitz das »Fürstenhäusle« ersteigerte, ein Weinberghäuschen, das der Meersburger Fürstbischof Jakob Fugger um 1600 mit idyllischer Aussicht über die Weinreben und Dächer der Altstadt auf den Bodensee hatte erbauen lassen. Die authentische Atmosphäre des kleinen Droste-Häuschens mit zierlichen Biedermeiermöbeln und Gegenständen aus ihrem Besitz, darunter ihr Schreibsekretär, Scherenschnitte, Gemälde und Stiche, versetzen Museumsbesucher in die Lebenswelt der Schriftstellerin. »So betrachte ich Meersburg«, hatte sie glücklich geschrieben, »wie die zweite Hälfte meiner Heimath.«

ELISABETH
Kaiserin von Österreich und Königin von Ungarn, geb. Prinzessin in Bayern

1837 München – 1898 Genf

Die junge Kaiserin (Ausschnitt aus einem Gemälde von Franz Xaver Winterhalter, 1864, Wien, Kunsthistorisches Museum)

Als »Sisi« (auch »Sissi«) ist Elisabeth von Österreich eine Legende. Das Leben der jungen Kaiserin wurde durch die »Sissi«-Trilogie von Ernst Marischka, einer Film-Schnulze aus den 1950er Jahren mit Romy Schneider in der Titelrolle, zum Kassenschlager des deutschsprachigen Nachkriegskinos und rührte Millionen zu Tränen. Als Kultfigur wird Sisi bis heute unablässig erforscht und vermarktet, sogar ihre »geheimen« Schönheitsrezepte wurden als Buch veröffentlicht.

Elisabeth war eine bayerische Prinzessin, der legendäre »Märchenkönig« Ludwig II. war ihr Cousin. Als viertes von acht Kindern des Herzogspaars Ludovika und Maximilian in Bayern wuchs sie im Herzog-Max-Palais in der Münchner Ludwigstraße 13 auf – ein neoklassizistisches, 1831 durch den prominenten Architekten Leo von Klenze erbautes Palais, das 1937 durch einen Neubau ersetzt wurde, in dem sich heute die Hauptverwaltung der Deutschen Bundesbank in Bayern befindet.

Possenhofen (zu Pöcking/Bayern), Karl-Theodor-Straße, Schloss Possenhofen: Ihr Kindheitsparadies. Das im 16. Jahrhundert entstandene Gebäude kaufte ihr Vater 1834 und ließ es zur Sommerresidenz umbauen. Noch als österreichische Kaiserin kehrte Sisi oft in ihr geliebtes »Possi« zurück. Das privat bewohnte Schloss kann nicht besichtigt werden. Im alten Bahnhof von Possenhofen befindet sich ein Kaiserin-Elisabeth-Museum.

Szenenfoto aus der »Sissi«-Trilogie von Ernst Marischka. Die noch immer beliebte Filmschnulze mit Romy Schneider und Karl-Heinz Böhm in den Hauptrollen trug erheblich zum Mythos der schönen, aber unglücklichen Kaiserin bei.

Die Sommermonate verbrachte Elisabeth auf dem heute zu Wohnungen umgebauten und daher nicht öffentlich zugänglichen Schloss Possenhofen am Starnberger See, dem Landsitz der Familie. Das Leben dort war geprägt von fröhlichem Zeitvertreib – es gab sogar einen Hauszirkus – und sportlichen Aktivitäten. Lebenslang blieb Elisabeth eine ausgezeichnete Reiterin.

Ihre glückliche und zwanglose Kindheit endete abrupt, als sie 1854 den sieben Jahre älteren österreichischen Kaiser Franz Joseph I. (1830–1916, reg. ab 1847) heiratete. Sie hatte ihre Mutter und ihre drei Jahre ältere Schwester Helene ins österreichische Bad Ischl begleitet, wo man von einer Verlobung Helenes mit dem Kaiser ausging. Niemand hatte damit gerechnet, dass Franz Joseph und Elisabeth sich ineinander verlieben würden.

Bei ihrem gefeierten Einzug in Wien war die erst Sechzehnjährige, so ihre Biografin Martha Schad, in Tränen aufgelöst und völlig verängstigt. Elisabeth, kaum auf ihre Rolle als Kaiserin von Österreich und spätere Königin von Ungarn vorbereitet, litt sehr unter dem strengen Zeremoniell am Wiener Hof: »Ich bin erwacht in einem Kerker/und Fesseln sind an meiner Hand […].«

Weder als Kaiserin noch privat wurde sie glücklich. Obwohl sie Ungarisch und Griechisch lernte und ambitioniert Gedichte verfasste, fand sie nie eine angemessene, sie erfüllende Lebensaufgabe. Von ihrem Mann entfremdete sie sich, die vier Kinder wurden, bis auf ihre jüngste Tochter Marie Valerie, von Personal erzogen. Ihr Sohn Kronprinz Rudolf beging 1889 Selbstmord.

Elisabeth entwickelte einen krankhaften Körperkult. Sie trieb exzessiv Sport, hielt strengste Diät und wog kaum mehr als 45 Kilogramm. Ihr alterndes Gesicht versteckte sie hinter einem Fächer. Fotografieren ließ sie sich nicht. Sie mied offizielle Verpflichtungen und reiste rastlos durch Europa – bis sie 61-jährig in Genf durch einen italienischen Anarchisten mit einer Feile erstochen wurde.

ELISABETH FÖRSTER-NIETZSCHE
Schwester von Friedrich Nietzsche, Archivleiterin, Autorin

1846 Röcken (Sachsen-Anhalt) – 1935 Weimar

Als junge Frau

Als »gefährliche« und »unheilvolle« Schwester des bedeutenden Philosophen Friedrich Nietzsche (1844–1900) hat Elisabeth Förster-Nietzsche bis heute ein negatives Image. »[…] niemand«, so Philosophieprofessor Karl Schlechta, »hat sich an dem Andenken Nietzsches schwerer vergangen als seine Schwester.«

Nach dem Tod ihres Bruders baute sie mithilfe großzügiger Sponsoren das Weimarer Nietzsche-Archiv auf, um ihn »als die edelste Lichtgestalt den Leuten fest in die Herzen zu prägen«. In Wahrheit hat sie seinem Werk durch Manipulationen und Fälschungen seiner nachgelassenen Schriften und Briefe dauerhaft geschadet. Sie kontrollierte die Nietzsche-Forschung, kein Wissenschaftler kam an ihr vorbei. Mit Experten zerstritten, schrieb sie selbst eine dreibändige Nietzsche-Biografie. Als begeisterte Verehrerin Hitlers, der sie 1934 in Weimar besuchte und eine monumentale Nietzsche-Gedenkstätte neben ihrer Villa in Aussicht stellte, billigte sie auch die Vereinnahmung ihres Bruders durch die NS-Ideologie.

Dabei hatte sie es mit ihm immer gut gemeint. Das »liebe alte Lama«, wie er sie nannte, führte ihrem Bruder zeitweise den Haushalt, u. a. in Basel, wo er zehn Jahre lang Professor war.

Weimar, Humboldtstraße 36, »Villa Silberblick«: Ihr repräsentatives Wohnhaus war eine Weimarer Institution, in dem sie das Archiv ihres berühmten Bruders Friedrich Nietzsche aufbaute und Besucher aus aller Welt empfing. Die Gedenkstätte-Nietzsche-Archiv zeigt hier die einstige Bibliothek, das Arbeitszimmer und den Speisesaal – alles im eleganten Jugendstil des prominenten belgischen Architekten und Designers Henry van de Velde.

Als ehrgeizige Schwester des Philosophen Friedrich Nietzsche wurde sie zu einer ebenso prominenten wie umstrittenen Persönlichkeit deutscher Geschichte. Das Foto zeigt sie bei der Begrüßung Hitlers im Weimarer Nietzsche-Archiv am 20. Juli 1934.

Erst mit 39 Jahren heiratete sie Bernhard Förster, einen Berliner Lehrer und radikalen Antisemiten aus dem Kreis ihrer Freundin → Cosima Wagner, der von der »Wiedergeburt des deutschen Geistes« träumte. Förster-Nietzsche nahm sein Gedankengut begeistert auf. Gemeinsam mit ihm und einigen Gleichgesinnten wanderte sie im Februar 1886 ins südamerikanische Paraguay aus, wo sie die Kolonie »Nueva Germania« gründeten. Nach dem plötzlichen Tod ihres Mannes und dem Scheitern der Kolonie kehrte sie bereits 1889 nach Deutschland zurück. Als offiziellen Grund jedoch nannte sie die Krankheit ihres Bruders, der mit einer als progressive Paralyse diagnostizierten Geisteskrankheit zusammengebrochen war.

Mit ihm bezog sie 1889 die oberhalb Weimars gelegene »Villa Silberblick«, die ihr eine seiner Verehrerinnen zur Verfügung gestellt hatte. Nietzsche, der hier in völliger geistiger Umnachtung noch elf Jahre vor sich hindämmerte, »[...] nicht einem Kranken oder Wahnsinnigen, sondern eher einem Toten« gleichend, wie es im Tagebuch von Harry Graf Kessler heißt, konnte hier auf Einladung von prominenten Besuchern »besichtigt« werden.

Außer ihrer Villa, deren Erdgeschoss sie ab 1902 durch den damals in Weimar ansässigen Designer-Architekten Henry van de Velde zu repräsentativen Archivräumen umgestalten ließ, sind auch ihre früheren Wohnorte heute Nietzsche-Gedenkstätten: das Haus in Naumburg/Saale (Sachsen-Anhalt), Weingarten 18, in dem sie und ihr Bruder seit 1858 mit ihrer Mutter Franziska gelebt hatten, und ihr Geburtshaus, das Pfarrhaus in der Teichstraße 8 im nahe gelegenen Röcken (heute zu Lützen), wo Förster-Nietzsche 1935 im Familiengrab bestattet wurde.

ANNE FRANK
Schülerin

1929 Frankfurt am Main – 1945 KZ Bergen-Belsen

Ihr Schicksal erschütterte Millionen:
Das jüdische Mädchen Anne Frank, 1940

Anne Frank, die mit ihrem zwischen 1942 und 1944 im Amsterdamer Versteck verfassten Tagebuch posthum weltberühmt wurde, stammte aus Frankfurt am Main. Ihre Familie gehörte zum gut situierten Bürgertum der Stadt. Ihr Vater Otto leitete die Produktion von »Fay's echte Sodener Mineral-Pastillen« gegen Halsbeschwerden, ein Teil des in viele Branchen verzweigten Familienunternehmens. Der Großvater Michael Frank war Bankier mit einem Bankhaus in der Bockenheimer Anlage 20.

Die Franks waren moderne assimilierte Juden; Anne und ihre drei Jahre ältere Schwester Margot wuchsen in einer unbefangenen, liberalen Sphäre auf. Sie lebten im Marbachweg 307 im Stadtteil Dornbusch, damals ein von Beamten und kleinen Angestellten bewohntes Neubaugebiet – ganz anders als das »verstaubte« Milieu im Wohnhaus der Großeltern im Frankfurter Westend.

Im März 1931 bezog die Familie eine kleinere Wohnung im Erdgeschoss der Villa Ganghoferstraße 24, angeblich aus finanziellen Gründen, da auch ihr Unternehmen während der Weltwirtschaftskrise Verluste gemacht hatte. Annes Biografin Melissa Müller vermutet auch andere Gründe: In der alten Wohngegend hatten die Anfeindungen gegen Juden massiv zugenommen.

Frankfurt am Main, Stadtteil Dornbusch, Ganghoferstraße 24:
In dem Doppelhaus im gediegenen Dichterviertel bewohnten die Franks ab Frühjahr 1931 bis zu ihrer Emigration nach Amsterdam das Erdgeschoss links.

Frankfurt am Main, Stadtteil Dornbusch, Marbachweg 307: Die erste Wohnung der Familie Frank. Die Gedenktafel vor dem Haus zeigt Anne Frank (rechts) mit ihrer Schwester Margot (links) und ihrer Freundin Grace, bevor sie Deutschland mit vier Jahren verlassen musste.

Otto Frank, der den wachsenden Antisemitismus in Nazi-Deutschland vorausgesehen hatte, emigrierte bereits im Sommer 1933 nach Amsterdam, wo er den Umzug der Familie vorbereitete. Ende 1933 folgten die Mutter Edith und Margot, die kleine Anne Anfang 1934. Das Haus ihrer Großmutter Rosa Holländer-Stern am Pastorplatz 1 in Aachen, in dem sie mit Mutter und Schwester zuvor für einige Monate untergekommen war, war ihre letzte deutsche Adresse.

Das weitere Schicksal Anne Franks ist weltbekannt und erschüttert bis heute Millionen: Nach dem Einmarsch der deutschen Wehrmacht 1940 wurden Juden auch in den Niederlanden verfolgt. Am 6. Juli 1942 versteckten sich die Franks im Hinterhaus des Geschäftshauses Prinsengracht 263 (heute Museum Anne-Frank-Huis). Mehr als zwei Jahre harrten sie dort aus – bis zu ihrer Entdeckung und Verhaftung am 4. August 1944. Anne Frank wurde nach Auschwitz und später ins KZ Bergen-Belsen verschleppt. Erst fünfzehn Jahre alt, starb sie dort mit ihrer Schwester im März 1945 an Typhus – nur wenige Wochen vor dem Sieg über Nazi-Deutschland. Die Mutter kam in Auschwitz um.

Ihr Vater, der als einziger seiner Familie überlebt hatte, veröffentlichte nach Kriegsende Annes Tagebuch, das in Amsterdam zurückgeblieben war. In ihm schildert sie lebendig und sogar humorvoll den schwierigen, angstvollen Alltag im Versteck. Sie beschreibt aber auch die Probleme eines Teenagers: Konflikte mit der Mutter, Eifersucht auf die Schwester und die Sehnsucht nach gleichaltrigen Freundinnen, was sie gerade jungen Lesern von heute noch immer nahebringt.

Als Dokument von »universellem Interesse« gehört ihr in unzählige Sprachen übersetztes Tagebuch inzwischen zum UNESCO-Welterbe.

CATHARINA ELISABETH GOETHE
geb. Textor
Mutter des Dichters Johann Wolfgang von Goethe

1731 Frankfurt am Main – 1808 Frankfurt am Main

Sie wurde als »Frau Rath Goethe« verehrt und als »Frau Aja« geliebt (Gemälde von Georg Oswald May, 1776, Goethehaus Frankfurt am Main).

»Es wird jeder Tag einzeln angerichtet / aus einem Teil Arbeit / und zwei Teilen Frohsinn und Humor. / Man füge drei gehäufte Esslöffel Optimismus hinzu, / einen Teelöffel Toleranz, / ein Körnchen Ironie / und eine Prise Takt. / Dann wird die Masse reichlich mit Liebe übergossen. [...].« Diese liebenswerten Zeilen aus ihrem »Rezeptvorschlag für ein ganzes Jahr« und die fast 400 erhaltenen Briefe, die sie nicht nur an ihren berühmten Sohn Johann Wolfgang von Goethe und andere Familienmitglieder, sondern auch an ihre Freundinnen → Charlotte von Stein oder die Weimarer Herzogin → Anna Amalia schrieb, offenbaren den Charakter von Catharina Elisabeth Goethe. Sie war warmherzig, mütterlich, humorvoll, direkt und ohne Standesdünkel. Freundlich hatte sie einst → Christiane von Goethe samt Enkel August in ihrem Frankfurter Haus aufgenommen, als diese in Weimar gesellschaftlich gemieden wurde, weil sie noch unverheiratet mit Goethe zusammenlebte.

Catharina Elisabeth Goethe war und blieb Frankfurterin. Als älteste Tochter des Stadtschultheißen Johann Wolfgang Textor wuchs sie mit zahlreichen Geschwistern in einem weltoffenen Elternhaus in der nicht mehr erhaltenen Friedberger Gasse 10 auf, nahe der Zeil, Frankfurts heutiger Einkaufsmeile in der Innenstadt.

Siebzehnjährig heiratete sie Johann Caspar Goethe. Er war zwar fast doppelt so alt wie sie, aber eine passende Partie: Jurist, Kaiserlicher Rat und vermögender Privatier. Obwohl es eine arrangierte Ehe war – unglücklich war sie wohl nicht. Er machte ihr liebevolle Geschenke und nannte sie seine »süßeste Gefährtin«.

Frankfurt am Main, Großer Hirschgraben 23–25, Museum Goethe-Haus (Mitte): Sechsundvierzig Jahre lang war hier das Zuhause von Catharina Elisabeth Goethe. Das nach dem Zweiten Weltkrieg wieder aufgebaute repräsentative Bürgerhaus in der Frankfurter Altstadt bietet einen Rundgang durch die rekonstruierten Wohnräume, zu denen neben Musikzimmer, Bildersaal und Bibliothek u.a. auch ihr privates Zimmer in der zweiten Etage gehört.

»Lieber Sohn! Eine Erscheinung aus der Unterwelt hätte mich nicht mehr in Verwunderung setzen können als dein Brief aus Rom […]«, schreibt sie am 17. November 1786 reichlich ironisch an Johann Wolfgang von Goethe, der selten von sich hören ließ und sie noch seltener besuchte.

Wie sie den großen Haushalt am Hirschgraben führte – sie hatte sieben Kinder, von denen jedoch nur Wolfgang und die ein Jahr ältere Cornelia das Erwachsenenalter erreichten –, zeigen die dreißig erhaltenen Haushaltsbücher, die sämtliche Ausgaben und Anschaffungen dokumentieren und so einen lebendigen Einblick in den Alltag geben. Wie einst bei ihren Eltern war es ein geselliges Haus, in dem Gelehrte, Künstler und Adlige, unter ihnen die preußische → Königin Luise, zu Gast waren. Frau Goethe galt als hervorragende Geschichtenerzählerin. Die »Lust zu Fabulieren«, äußerte ihr Sohn später, habe er von seiner Mutter geerbt.

Auch als Witwe – sie war 51, als ihr Mann starb – stand sie aktiv im Leben. Es fanden viele Menschen zu ihr, die sich in erster Linie nicht für die »Frau Rath«, sondern die Mutter des berühmten Dichters interessierten, was sie trotzdem genoss.

1795 gab sie das große Haus im Hirschgraben auf und bezog eine Wohnung am Roßmarkt (nicht erhalten), in der sie die letzten Jahre oft von → Bettine von Arnim besucht wurde.

»Frau Aja«, wie ihre Freunde sie nannten, wurde im Familiengrab der Textors auf dem Frankfurter Peterskirchhof bestattet (heute Schulhof der Liebfrauenschule). Die Grabplatte, die einst nur die Inschrift »Hier ruhet Goethe's Mutter« trug, erhielt erst 1999 ihren Namen.

CHRISTIANE VON GOETHE, geb. Vulpius
Ehefrau des Dichters Johann Wolfgang von Goethe

1765 Weimar – 1816 Weimar

1789 auf einer Zeichnung von Johann Wolfgang von Goethe

Als Frau von Johann Wolfgang von Goethe hat sie heute einen Platz in der Literaturgeschichte.

Christiane von Goethe stammte aus Weimar, ihre Kindheit verbrachte sie in der Luthergasse, einem der ältesten Teile der Stadt. Obwohl oft behauptet, kam sie nicht aus dem Proletarier-Milieu. Sie arbeitete zwar in der berühmten Kunstblumenfabrik des Verlegers und Unternehmers Friedrich Justin Bertuch, war aber keine Arbeiterin nach modernem Verständnis, sondern gehörte zu den dort angestellten »unbeschäftigten Mädchen der mittleren Classen«. Ihre Familie war trotzdem arm. Der Vater erhielt als höfischer Kopist und Archivar ein »notorisch geringes Gehalt«, mit dem er sechs Kinder zu versorgen hatte: Zu Christiane und ihren beiden Brüdern – Christian August Vulpius, der älteste, wurde später als Autor von Unterhaltungsromanen bekannt – kamen bald noch vier weitere Kinder aus zweiter Ehe.

Goethe traf sie erstmals im Juli 1788. Sie soll ihm im Ilmpark nahe seinem Gartenhaus ein Bittschreiben ihres Bruders Christian August überreicht haben – eine Schicksalsbegegnung: 28 Jahre blieb sie an seiner Seite. Ihr Verhältnis, das er als »verheiratet, nur nicht durch Zeremonie«, beschrieb, wurde in Weimarer Kreisen allgemein

Weimar, Luthergasse 5: Das Elternhaus von Christiane von Goethe, in dem sie als Tochter des schlecht bezahlten Archivars Johann Friedrich Vulpius mit vielen Geschwistern aufwuchs. Es ist privat bewohnt und kann nicht besichtigt werden.

Ihr Grab auf dem Weimarer Jakobskirchhof. Auf der Grabplatte steht der Vers, den Johann Wolfgang von Goethe ihr widmete: »Du versuchst, o Sonne, vergebens / Durch die düsteren Wolken zu scheinen! / Der ganze Gewinn meines Lebens / Ist, ihren Verlust zu beweinen.«

missbilligt. Christiane galt als »von Goethesche Haushälterin« oder »Goethes Magd«. Auch nach ihrer Eheschließung – sie heirateten am 19. Oktober 1806 in der Jakobskirche, nachdem Christiane den hilflosen Goethe vor marodierenden französischen Soldaten gerettet hatte – wurde sie als »Geheimrätin Goethe« nur allmählich akzeptiert.

Trotz ungleicher Herkunft und unterschiedlicher Interessen war die Verbindung zwischen beiden zeitlebens glücklich. Ihr Briefwechsel zeugt von echter gegenseitiger Zuneigung, Toleranz und zärtlicher Liebe zu ihrem Sohn August (1789–1830), der als einziges ihrer fünf Kinder überlebte. Sie akzeptierte seine Reisen und seine häufigen Arbeitsaufenthalte in Jena und er die volkstümlichen Redouten (Tanzvergnügen), die die lebensfrohe und tanzfreudige Christiane gern besuchte.

Einem Kleinbetrieb vergleichbar führte sie beherzt den großen Haushalt im repräsentativen Weimarer Haus am Frauenplan 1, zu dem zeitweise mehr als zehn Personen gehörten, neben Mitarbeitern ihres Mannes und ihrer eigenen Gesellschafterin Caroline Ulrich auch ihre Tante Juliane und Halbschwester Ernestine. Sie kaufte kleine Ländereien, die sie erfolgreich bewirtschaften ließ, organisierte Spezialitäten aller Art und sorgte für das Wohl von Goethes Gästen in kleiner Runde oder bei offiziellen Empfängen, an denen sie selbst nicht teilnahm.

Christiane von Goethe starb am 6. Juni 1816 qualvoll an Nierenversagen – wenige Tage nach ihrem 51. Geburtstag. Ihre Wohnräume, abgelegen von Goethes Gesellschaftsräumen, können im Haus am Frauenplan besichtigt werden. Ihr Grab befindet sich auf dem kleinen Jakobskirchhof in der Nähe ihres Elternhauses.

EVELYN HAMANN
Schauspielerin

1942 Hamburg – 2007 Hamburg

Loriot bezeichnete sie als »größte deutsche Komödiantin aller Zeiten«.

Mit ihrem Charaktergesicht, wie sie es selbst nannte, konnte sie vieles verkörpern. Überzeugend spielte sie biedere Damen, energische Ehefrauen, eine Politesse vor dem Nervenzusammenbruch, »Frau Hoppenstedt« mit dem »Jodeldiplom«, die kurzsichtige »Sekretärin Renate« und »Fräulein Hildegard« im »Nudelsketch«, das während der Liebeserklärung ihres Verehrers mit unnachahmlicher Miene die in seinem Gesicht klebende Nudel anstarrt: Als Partnerin des fast zwanzig Jahre älteren Fernseh-Humoristen Victor von Bülow, alias Loriot (1923–2011), ist Evelyn Hamann unvergessen.

Obwohl er für eine Sketch-Serie eigentlich eine »blonde, rundliche Hausfrau« gesucht hatte, engagierte er 1976 die schlanke und brünette Hamann (»Gut, dann eben nicht pummelig«) – so sehr überzeugte ihn ihr hanseatisch-trockener, todernst vorgebrachter Humor, der ihr Markenzeichen wurde. Mehr als dreißig Jahre lang, bis zu ihrem Tod 2007, blieb sie seine Sketch-Partnerin und galt mit ihm als das erfolgreichste und beliebteste deutsche Komikerpaar, das es je gab. Viele ihrer Inszenierungen, ob die kurzen Sketche oder Loriots Spielfilme »Ödipussi« (1988) und »Pappa ante Portas« (1991), in denen sie als Diplom-Psychologin Margarethe Tietze und Muttersöhnchen Paul Winkelmann bzw. als Renate und Heinrich Lohse perfekt schrullige Paare verkörpern, sind bis heute Kult.

Hamburg-Harvestehude, Nonnenstieg 26: Auch privat verkörperte Hamann Understatement. Sie bewohnte keine Nobelvilla an der Alster, sondern eine Dachgeschosswohnung im Mehrfamilienhaus (Neubau, Bildmitte).

Unvergessen: Evelyn Hamann mit Loriot auf dem grünen Sofa

Hamann stammte aus einer Hamburger Musikerfamilie. Die Mutter war Sängerin, ihr Vater Geiger und Konzertmeister des NDR-Sinfonieorchesters, ihr Bruder Gerhard Professor für Cello. Nach einem Studium an der Hamburger Hochschule für Musik und Darstellende Kunst spielte sie am Hamburger Thalia Theater sowie an den Bühnen in Göttingen, Heidelberg und Bremen u. a. die »Marthe Schwerdtlein« in Goethes Drama »Faust« und »die Alte« in Ionescos Farce »Die Stühle«.

In späteren Jahren machte Hamann auch ohne Loriot Karriere. Sie war die »Stimme« zahlreicher Literatur-CDs – von den »Mordsgeschichten« von Patricia Highsmith bis zum Erzählungsklassiker »Die Dame mit dem Hündchen« von Anton Tschechow. Vor allem aber als Star in Unterhaltungsserien, wie »Adelheid und ihre Mörder« und »Evelyn Hamanns Geschichten aus dem Leben«, die jahrelang im Fernsehen liefen, gewann sie zahlreiche treue Fans.

Hamann, die völlig in ihrer Arbeit aufging (»Die Inszenierung von Humor erfordert Strenge, Kunstfertigkeit und Disziplin«), gewährte kaum Einblicke in ihr Privatleben und lebte zurückgezogen in ihrer Dachwohnung in Hamburg-Harvestehude. Sie war nach einer kurzen gescheiterten Ehe mit dem Schauspieler Hans Walter Braun, den sie am Thalia-Theater kennengelernt hatte, mit dem Schauspieler Stefan Behrens liiert. Im Alter von 65 Jahren erlag sie am 28. Oktober 2007 für die Öffentlichkeit vollkommen überraschend ihrem Lymphdrüsenkrebs. An derselben Krankheit war auch ihr Bruder verstorben. Ihr Grab befindet sich auf dem Alten Friedhof in Hamburg-Niendorf.

REGINE HILDEBRANDT
geb. Radischewski
Biologin, SPD-Politikerin, Ministerin

1941 Berlin – 2001 Woltersdorf/Brandenburg

Die »Mutter Courage des Ostens«

»Ich habe mich eigentlich nie für Politik interessiert. Das kam nur durch die Wende. Das war die Einsicht in die Notwendigkeit: Wenn nun etwas anders werden soll, müssen das auch andere Leute machen.«

Regine Hildebrandt war die populärste aus der DDR stammende Politikerin der Nachwendezeit in Deutschland. Sie engagierte sich in der Bürgerbewegung »Demokratie Jetzt«, trat in die neu gegründete Sozialdemokratische Partei der DDR ein, wurde Ministerin für Arbeit und Soziales im ersten freigewählten Parlament der DDR und, nach der Wiedervereinigung des Landes im November 1990, Ministerin für Arbeit, Soziales, Gesundheit und Frauen im Bundesland Brandenburg.

Beherzt und schlagfertig setzte sie sich für berufstätige Frauen und eine bessere Kinderbetreuung ein, wagte sich an Tabuthemen wie humanes Sterben, ging selbst offen mit ihrer späteren Brustkrebserkrankung um und wurde in der Bevölkerung ganz allgemein für ihr Engagement für soziale Gerechtigkeit und eine menschlichere Gesellschaft verehrt und geliebt. Wegen ihrer direkten Art und lauten Stimme empfanden sie manche als Nervensäge, was sie gelassen kommentierte: »Ich rede eben laut, damit die Leute mich verstehen. Und mich versteht man auch im Altenheim.« Hildebrandt, die durch ihre Bücher und Auftritte in TV-Talkshows überregional bekannt wurde, war eben eine typische Berlinerin.

Berlin-Mitte, Rosa-Luxemburg-Straße 3: Im zweiten Stock des zwischen Alexanderplatz und Volksbühne gelegenen Altbaus (Bildmitte) lebte Regine Hildebrandt lange Zeit mit ihrer Familie.

Regine Hildebrandt wuchs in der Bernauer Straße in Ostberlin auf. Die Lage direkt an der Grenze nutzten viele Anwohner zur Flucht in den Westteil der Stadt – in letzter Minute während des Mauerbaus am 13. August 1961. Reproduktion eines historischen Fotos an einer Hauswand in der Bernauer Straße.

Aufgewachsen war sie als Tochter eines Unterhaltungsmusikers in der Bernauer Straße, die nach dem Mauerbau im August 1961 direkt am Grenzverlauf nach Westberlin lag. »Wenn Sie also bei uns zu Hause aus dem Fenster geguckt haben«, sagte sie trocken, »waren Sie mit dem Kopf im Westen, aber mit dem Hintern noch im Osten.« Hier lernte sie als zehnjähriges Mädchen auch ihren späteren, nur zwei Jahre älteren Mann Jörg kennen, der nach dem Studium zeitweise als Pfarrer an der dortigen, 1985 gesprengten Versöhnungskirche arbeitete.

In ihm, den sie 1966 heiratete, hatte sie den idealen Partner gefunden. Sie teilten die gleichen christlichen Ideale – in der DDR nur ungern gesehen. Äußerlich lebten sie angepasst. Während er als Cheflektor der Evangelischen Verlagsanstalt und später beim Hörfunk tätig war, forschte sie als promovierte Biologin, sogar in leitender Position, über Insulin. Privat wagten sie es, etwas »anders« zu sein. Ihre drei Kinder waren nicht in der FDJ (Freie Deutsche Jugend), sondern gingen in den evangelischen Kindergarten. Sie wohnten nicht im Plattenbau, sondern im Altbau in der Auguststraße 14, später in der Rosa-Luxemburg-Straße 3 im heute trendigen Teil von Berlin-Mitte. Das Familienleben mit gemeinsamer Hausmusik, Festen und Wanderungen hatte hohen Stellenwert. Die Familie, mit der sie 1997 ihr »Mehrgenerationenhaus« in der Rosenbergstraße 25 im brandenburgischen Woltersdorf bezogen hatte, war es auch, die ihr Kraft während ihrer Krebserkrankung gab, an deren Folgen sie am 26. November 2001 starb.

HILDEGARD VON BINGEN
Benediktinernonne, Komponistin, Schriftstellerin, Naturforscherin

1098 vermutlich Bermersheim bei Alzey/Rheinland-Pfalz –
1179 Kloster Rupertsberg/Rheinland-Pfalz

Hildegard empfängt göttliche Visionen. Detail aus dem »Liber divinorum operum« (Lucca, 13. Jahrhundert).

Ihre Lebens- und Wirkungsstätten, die rheinland-pfälzischen Klöster Disibodenberg bei Odernheim am Glan und Rupertsberg bei Bingen, sind längst Ruinen, doch Hildegard von Bingen ist heute populärer denn je. Als Benediktinernonne, Theologin, Klostergründerin, Ärztin, Naturforscherin, Komponistin, Autorin und vor allem als Mystikerin, die göttliche Visionen erhielt, war sie eine der bedeutendsten Frauen des Mittelalters. Ihr Leben, das u.a. durch die Aufzeichnungen der Mönche Gottfried von Disibodenberg und Theoderich von Echternach gut dokumentiert ist (»Vita Sanctae Hildegardis«), wurde 2009 unter der Regie von Margarethe von Trotta sogar verfilmt. Hildegards herausragende Kompositionen gibt es auf CDs, und ihr Wissen über ganzheitliche Medizin wird heute in populären Büchern vermarktet.

Hildegard stammte aus dem Hochadel, wo es damals üblich war, eine der Töchter ins Kloster zu geben. Sie kam wohl als Vierzehnjährige in eine Frauenklause des Benediktiner-Mönchsklosters Disibodenberg. 39 Jahre blieb sie hier – seit dem Tod ihrer Lehrerin Jutta von Sponheim 1136 als Magistra der Klause –, bis sie 1150 mit

Odernheim am Glan (Rheinland-Pfalz), Ruine des Klosters Disibodenberg: Nur noch Mauerreste erinnern heute an das mächtige mittelalterliche Benediktinerkloster, in dem Hildegard ihr Gelübde ablegte und einen großen Teil ihres Lebens verbrachte.

»Die Chöre der Engel« (Tafel 9 der nach Hildegards Visionen entstandenen 35 Miniaturen aus dem Rupertsberger »Scivias-Kodex«, vor 1179). Hildegard schreibt dazu: »Alle diese Reihen tönten in jeglicher Art von Musik und kündeten in wundersamen Harmonien die Wunder, die Gott in heiligen Seelen wirkt – ein Hochgesang der Verherrlichung Gottes.«

ca. zwanzig Nonnen in das von ihr neu gegründete Kloster Rupertsberg bei Bingen übersiedelte. Ihre Vita erzählt: »Hildegard wurde vom Heiligen Geist jene Stätte gezeigt, wo die Nahe in den Rhein mündet, nämlich der Hügel, der früher vom heiligen Bekenner Rupertus seinen Namen erhielt.« 1165 gründete sie ein zweites Kloster in Eibingen bei Rüdesheim, dessen mittelalterliche Anlage ebenfalls nicht erhalten ist (Neubau zwischen 1900 und 1904).

In Rupertsberg entstanden ihre vielseitigen Schriften, darunter »Physica«, ein Buch über die Heilkraft der Natur, und »Das Buch vom Wirken Gottes«. Sie komponierte über siebzig Lieder, Antiphonen, Hymnen und das Singspiel »Ordo Virtutum« zur Einweihung der Rupertsberger Klosterkirche.

Berühmt wurde Hildegard mit ihrem »Liber Scivias«, in dem sie ihre Visionen beschrieb: »Im Jahre 1141 [...] als ich zweiundvierzig Jahre und sieben Monate alt war, kam ein feuriges Licht mit Blitzesleuchten vom offenen Himmel hernieder. Es durchströmte mein Gehirn und durchglühte mir Herz und Brust gleich einer Flamme, die jedoch nicht brannte sondern wärmte, wie die Sonne den Gegenstand erwärmt, auf den sie ihre Strahlen legt. Nun erschloss sich mir plötzlich der Sinn der Schriften, des Psalters, des Evangeliums und der übrigen katholischen Bücher des Alten und Neuen Testamentes.«

Hildegard, die auch mit bedeutenden Zeitgenossen, wie dem Stauferkaiser Friedrich I. »Barbarossa«, korrespondierte und zahlreiche Predigtreisen unternahm, starb am 17. September 1179 im damals ungewöhnlich hohen Alter von 81 Jahren in Rupertsberg. In der Eibinger Pfarrkirche befindet sich ein Reliquienschrein mit ihren sterblichen Überresten. Das »Historische Museum am Strom – Hildegard von Bingen« in Bingen zeigt eine Dauerausstellung über sie.

HANNAH HÖCH
Malerin, Grafikerin, Collagekünstlerin

1889 Gotha – 1978 Berlin / West

Hannah Höch mit ihren Dada-Puppen, 1920

Eine Bürgerstochter aus der thüringischen Provinz – ihr Elternhaus befindet sich in Gotha, 18.-März-Straße 28 – eroberte Berlin und wurde eine der bekanntesten Avantgardekünstlerinnen der 1920er Jahre: Hannah Höch.

Gegen den Widerstand ihres Vaters, Generalagent einer Versicherungsgesellschaft, hatte sie ein Studium an der Berliner Kunsthochschule durchgesetzt und gehörte als einzige Frau bald zum inneren Kreis der Berliner Dada-Bewegung. Die zwei Zimmer ihres kleinen Dachateliers in der Friedenauer Büsingstraße 16 bildeten einen Treffpunkt für Künstlerfreunde, darunter der Hannoveraner Kurt Schwitters, der hier seine schrägen »Merz«-Gedichte vortrug, Hans Arp und vor allem Raoul Hausmann. Mit ihm verband Höch zwischen 1915 und 1922 eine ähnlich schwierige und konfliktreiche Beziehung wie zu ihrem späteren Ehemann, dem 21 Jahre jüngeren Volkswirtschaftler und Pianisten Kurt Heinz Matthies.

Höch, die ihr Geld als Entwurfszeichnerin in der Handarbeitsredaktion des Berliner Ullstein Verlags verdiente, machte vor allem mit ihren Dada-Puppen aus Textilien, Karton und Perlen sowie ihren Collagen aus Zeitungsausschnitten auf sich aufmerksam (»Meine Haussprüche«, 1922). Unter ihnen waren auch gesellschaftspolitisch brisante und provokante Arbeiten wie »Schnitt mit dem Küchenmesser Dada durch die letzte Weimarer Bierbauchkulturepoche Deutschlands« – eines ihrer populärsten Werke.

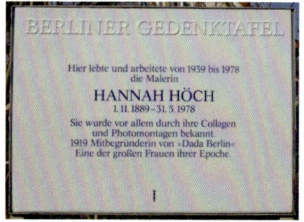

Berlin-Heiligensee, An der Wildbahn 33: Vor den Nazis zog sich Hannah Höch an den Stadtrand von Berlin zurück, wo sie 1939 das alte Wärterhäuschen kaufte. Fast vierzig Jahre lang, bis zu ihrem Tod im Jahr 1978, war es ihr Zuhause. Garten und Atelier können während der Sommermonate besichtigt werden.

»Roma« (Gemälde im Stil ihrer Collagen, 1925, Berlinische Galerie, Berlin)

Während ihre künstlerischen Weggefährten nach Hitlers Machtübernahme großenteils emigrierten, zog sich Höch 1939 in ihr Haus am nördlichen Stadtrand von Berlin zurück. »Als ich, ein Jahr vor Kriegsausbruch, ein wenig Geld geerbt hatte«, erzählte sie später, »beschloß ich, mich nach einer Gegend umzusehen, in der mich niemand kannte und wo man von meiner schändlichen Vergangenheit als Dadaistin – oder Kulturbolschewistin, wie man es nannte – nichts ahnte. Ich hatte Glück dieses kleine Haus zu finden, ein früheres Wärterhaus am Eingang eines Flugplatzes, der hier im Ersten Weltkrieg angelegt worden war.« Im Haus und zum Teil sogar im Garten versteckte sie eigene und Werke verfolgter Künstlerfreunde, »[...] genug, um mich und alle in Deutschland lebenden früheren Dadaisten an den Galgen zu bringen«.

Mit ihrem Mann, von dem sie nach sechsjähriger Ehe 1944 geschieden wurde, hatte sie zuletzt in der Rubensstraße im Stadtbezirk Friedenau gelebt. In ihr früheres Dachatelier in der Büsingstraße 16, das sie seit 1929 mit ihrer Lebensgefährtin, der niederländischen Schriftstellerin Til Brugman, geteilt hatte, war bereits 1932 eingebrochen worden. Wichtige Dokumente waren gestohlen worden – möglicherweise schon damals ein Einschüchterungsversuch der Nazis.

Höch, die auch surrealistische Bilder wie »Die Treppe« (1926) und in der NS-Zeit »harmlose« Blumen- und Pflanzenstillleben gemalt hatte, wurde als Künstlerin in Deutschland erst in den 1960er Jahren wiederentdeckt.

MARGOT HONECKER, geb. Feist
DDR-Volksbildungsministerin

1927 Halle/Saale – 2016 Santiago de Chile

Die DDR-Volksbildungsministerin

Als kommunistische Hardlinerin, Volksbildungsministerin und »First Lady« an der Seite von Staatschef Erich Honecker (1912–1994) wurde sie gehasst und gefürchtet, wegen ihrer extravaganten Haarfarbe als »Lila Hexe« bespöttelt und nach der politischen Wende als »starrsinnige Witwe« bezeichnet: Margot Honecker war die bekannteste und umstrittenste Frau der DDR.

Sie war eine Schuhmachertochter aus Halle/Saale (Elternhaus Torstraße 36, nicht erhalten), wo sie eine von Armut und Angst geprägte Kindheit verbrachte. Die Familie war stramm kommunistisch. Schon als Mädchen erledigte sie Kurierdienste für die Partei und engagierte sich später in KPD-Jugendorganisationen. Sie erlebte Hausdurchsuchungen durch die Gestapo und die Verhaftung des Vaters, der in der Nazizeit wegen illegaler Parteiarbeit ins KZ Buchenwald kam.

Nach 1945 machte Margot Honecker, die eigentlich Lehrerin werden wollte, aber nur eine Ausbildung zur Telefonistin absolvieren konnte, in der jungen DDR rasch Karriere. Zunächst in Halle und ab Anfang der 1950er Jahre in Berlin wurde sie Sekretärin in der FDJ (Freie Deutsche Jugend) und 1947 Leiterin der Abteilung Kultur und Erziehung im FDJ-Landesvorstand. Mit 22 Jahren war sie die jüngste Abgeordnete der Volkskammer. Sie durfte an der Komsomolhochschule in Moskau studieren, wurde 1958 stellvertretende und 1963 Volksbildungsministerin – ein Amt, das sie bis zum Ende der DDR behielt.

Bernau bei Berlin (Brandenburg), Waldsiedlung Wandlitz, Habichtweg 5: Das Haus in der ehemaligen, ca. 35 Kilometer von Berlin entfernten DDR-Funktionärssiedlung Wandlitz bewohnten Margot und Erich Honecker von 1960 bis 1989. Wie die Häuser ihrer einstigen Politikerkollegen gehört es heute zu einem Klinik-Komplex. Ihr Arbeitsplatz, das Ministerium für Volksbildung, befand sich in Berlin Unter den Linden 69/73, nahe dem Brandenburger Tor.

Ihr 50. Geburtstag im Wandlitzer Haus im Kreis prominenter Politikerkollegen (von links: Egon Krenz, Kurt Hager, Horst Sindermann und Gerhard Schürer)

Protegiert wurde ihr Aufstieg durch den damaligen Vorsitzenden der FDJ Erich Honecker, den sie 1955, nach seiner Scheidung von Edith Baumann, heiratete – wohl auch gedrängt durch hohe Parteigenossen, die ein außereheliches Verhältnis inakzeptabel fanden, zumal bereits drei Jahre zuvor die gemeinsame Tochter Sonja zur Welt gekommen war. Mancher wunderte sich allerdings, was die fünfzehn Jahre jüngere Margot Feist an einem so »borniertern und dummen Mann« fand, und es wurde gemunkelt, dass sie ihn aus Karrieregründen genommen hatte.

Die Familie bewohnte das Haus Rudolf-Ditzen-Weg 14 in der damaligen DDR-Funktionärs-Siedlung im Berliner Bezirk Pankow, bis 1960 die sogenannte Waldsiedlung Wandlitz bezugsfertig war. Inmitten der schönen brandenburgischen Landschaft lebte Margot Honecker hier mit ihrem Mann in der Nachbarschaft von Kollegen wie Günter Mittag oder Erich Mielke, dem berüchtigten Minister für Staatssicherheit – hermetisch abgeriegelt, aber luxuriös mit Personal und einem »Ladenkombinat« inklusive aller »Westprodukte«, die für durchschnittliche DDR-Bürger kaum erhältlich waren.

Drei Tage nach der Absetzung ihres Mannes reichte sie am 20. Oktober 1989 ihr Rücktrittsgesuch ein. Während er als Verantwortlicher für die Todesschüsse an der innerdeutschen Mauer in Berlin vor Gericht stand, konnte sie im Juli 1992 zu ihrer Tochter nach Chile ausreisen. 24 Jahre lebte sie dort von ihrer bundesdeutschen Rente, bis zuletzt die untergegangene DDR glorifizierend.

CAROLINE VON HUMBOLDT
geb. von Dacheröden
Kunstschriftstellerin, Übersetzerin, Mäzenin

1766 Minden/Westfalen – 1829 Tegel/heute zu Berlin

Caroline von Humboldt (Ausschnitt aus einem Gemälde von Friedrich Wilhelm von Schadow)

Sie war nicht nur die Ehefrau des preußischen Gelehrten und Ministers Wilhelm von Humboldt (1767–1835) und Schwägerin des berühmten Forschungsreisenden Alexander von Humboldt. Emanzipiert, gebildet und einflussreich, als Übersetzerin, Mäzenin, Kunstschriftstellerin und -sammlerin anerkannt, zählt Caroline von Humboldt zu den ungewöhnlichsten Frauen ihrer Zeit.

Sie war von Kindheit an privilegiert. Ihr Vater, der wohlhabende preußische Kammerpräsident Carl Friedrich von Dacheröden, führte am Erfurter Anger ein kultiviertes Haus mit enger Verbindung zur Weimarer Geisteselite. Herder, Goethe sowie Friedrich und → Charlotte von Schiller, die ihre Jugendfreundin war, gehörten zu den Gästen.

An der Seite ihres Bruders Ernst erhielt Caroline die beste Erziehung, zu der neben Französisch, Griechisch und Latein eine gute Allgemeinbildung und die Entwicklung eigenständigen Denkens und Handelns gehörten. Das befähigte sie, sich später als Übersetzerin und Kunstschriftstellerin einen Namen zu machen, deren Texte, wie das »Beschreibende Verzeichnis der in Spanien gesehenen Kunstwerke« (1809), Goethe und Schiller u. a. in ihrer Zeitschrift »Thalia« veröffentlichten.

Erfurt, Anger 37/38: Mitten in der Altstadt, in einem Renaissancehaus mit noch älterer Baugeschichte, verbrachte Caroline von Dacheröden ihre Kindheit. Am 29. Juni 1791 heiratete sie hier den preußischen Gelehrten und Diplomaten Wilhelm von Humboldt. Im Haus befindet sich heute das Kulturzentrum Haus Dacheröden, ein städtisches Veranstaltungs- und Ausstellungszentrum.

Berlin-Tegel, **Adelheidallee 19/20, Schloss Tegel:** Ursprünglich ein Jagdschloss der brandenburgischen Kurfürsten, gehörte es seit 1766 der Familie von Humboldt. Mit ihrem Mann Wilhelm, der mit seinem Bruder Alexander in dem kleinen Schloss aufgewachsen war, verbrachte Caroline von Humboldt hier die letzten Lebensjahre. Das privat bewohnte Schloss kann an Montagen besichtigt werden. Der Park ist öffentlich zugänglich.

Mit sicherem Qualitätsurteil erwarb sie außerdem antike und zeitgenössische Kunst und förderte junge Künstler, darunter der spätere Berliner Hofbildhauer Christian Daniel Rauch, der das Grabmonument für → Königin Luise anfertigte. Für Caroline von Humboldt schuf er u. a. die anmutige Figur ihrer Tochter Adelheid als »Psyche«, die heute im Grünen Kabinett, ihrem Wohnzimmer im Berliner Schloss Tegel, aufgestellt ist.

Mit Wilhelm, der bei seiner Hochzeit mit Caroline um sein »unverschämtes Glück« beneidet wurde, verband sie 38 Jahre lang eine fast »moderne« Ehe. Sie war ihm an Weltgewandtheit, Bildung und Intelligenz ebenbürtig und durch gleiche Interessen und Ideale eng verbunden. Trotzdem hatte sie immer wieder, zum Teil dauerhafte, Liebesbeziehungen zu anderen Männern, wie dem neun Jahre jüngeren Schriftsteller Wilhelm von Burgsdorff, die ihr Mann großzügig tolerierte.

Durch Wilhelms Diplomatentätigkeit kam sie viel herum und stand an seiner Seite im Mittelpunkt der Politik- und Kulturprominenz europäischer Hauptstädte. Rom wurde ihre Wahlheimat. Nach der Versetzung ihres Mannes verbrachte sie dort zwei Jahre allein mit ihren Kindern.

Gemeinsam lebten sie ab 1810 wieder in Berlin, wo er die nach ihm benannte Universität gründete. Zwischen 1820 und 1824 ließen sie sich das kleine Schloss Tegel im Norden Berlins durch den preußischen Oberbaurat Karl Friedrich Schinkel als Alterssitz umbauen: ein fast unverändert erhaltenes klassizistisches Meisterwerk voll von antiken Statuen, Büsten, Gipsabgüssen und Werken ihrer Künstlerfreunde – viele davon römische Erwerbungen Carolines.

Inmitten ihrer Familie ist sie, die acht Kinder hatte, von denen drei früh starben, im Schlosspark bestattet.

HEIDI KABEL
Volksschauspielerin

1914 Hamburg – 2010 Hamburg

In dem Stück »Fro Pieper«, 1974/75

»Für viele ist die Bezeichnung Volksschauspielerin etwas Abwertendes. Für mich ist es ein Prädikat […].« Heidi Kabel war über Jahrzehnte der Star des volkstümlichen Hamburger Ohnsorg Theaters, das durch sie weit über die Grenzen der Hansestadt hinaus bekannt wurde und zeitweise Kultcharakter erreichte. Neben der Reeperbahn, den Landungsbrücken oder der Elbphilharmonie gehört ihre Bühne am Heidi-Kabel-Platz noch heute zu den Orten in Hamburg, die man kennen sollte.

In den 65 Jahren ihrer Karriere verkörperte Kabel nahezu alle Typen und Charaktere des Volkstheaters – angefangen von der »Lüttdeern« als junge Darstellerin bis zu ihren Glanzrollen als »Nachbarin« im Erfolgsstück »Tratsch op de Trepp«, den Titelrollen in »Manda Voss ward 106« oder »Mudder Mews«, eine ihrer wenigen tragischen Figuren. Sie spielte an der Seite ihres Mannes Hans Mahler (1900–1970), der von 1949 bis zu seinem Tod auch Intendant des Ohnsorg Theaters war, ihres kongenialen Bühnenpartners Henry Vahl und ihrer Tochter Heidi Mahler.

Dabei war Heidi Kabel, die eigentlich Pianistin werden sollte, nur durch Zufall zur Schauspielerei gekommen. Sie hatte eine Schulfreundin zum Vorsprechen ins Ohnsorg Theater begleitet und wurde dort selbst für die »Niederdeutsche Bühne« entdeckt.

Hamburg-Nienstedten, Langelohstraße 8: Das schlichte Einfamilienhaus aus dem Jahr 1930 bewohnte Hamburgs beliebteste Schauspielerin von 1961 bis 2003.

Heidi Kabel mit ihrer Tochter in »Wenn du Geld hest ...«, Spielzeit 1964/65

In ganz Deutschland populär wurden sie und ihr Ensemble durch das Fernsehen; die Ohnsorg-Schwänke gehörten bis weit in die 1970er Jahre zu den beliebtesten bundesdeutschen Unterhaltungssendungen und werden teilweise bis heute gezeigt. Während im Theater plattdeutsch gesprochen wurde, verwendete man für die TV-Fassungen allerdings »Missingsch«: Hochdeutsch mit plattdeutschen Einsprengseln.

Mit dem Stück »Allens echt, Fro Sperling?«, in dem sie eine durchtriebene Antiquitätenhändlerin spielt, nahm Kabel zwar 1997 ihren Theater-Abschied, ging aber mit »Mein ehrlicher Tag« bis Ende 1998 auf Tournee. Sie sang auch, bevorzugt Hamburger Lieder, und spielte regelmäßig in Unterhaltungsfilmen, angefangen mit »Ein Mädchen geht an Land« aus dem Jahr 1938 bis zu Detlev Bucks Verfilmung von Cornelia Funkes Kinderbuch »Hände weg von Mississippi«, in dem Kabel, bereits 92 Jahre alt, 2006 noch eine Nebenrolle übernahm.

Ihr diszipliniertes Stehvermögen bis ins hohe Alter verdankte sie sicher auch ihrer strengen Erziehung. Kabel stammte aus gutbürgerlicher Hamburger Familie, ihr Vater war Inhaber einer Druckerei. Auch mit Hans Mahler und den gemeinsamen drei Kindern führte sie ein hanseatisch geordnetes Familienleben. Nach den ersten Ehejahren in einer kleinen Wohnung in der Altstadt, Steinstraße 13 (Altstädter Hof), wohnte sie bis zum Einzug in ihr Nienstedtener Haus in der Schubertstraße im Stadtteil Bahrenfeld. Ihr Elternhaus befand sich Große Bleichen 30 – gegenüber dem damaligen Sitz des Ohnsorg Theaters.

Mit ihrem Mann ist Heidi Kabel auf dem Friedhof in Hamburg-Nienstedten bestattet.

KATHARINA II. (»die Große«), geb.
Sophie Auguste Friederike Prinzessin von Anhalt-Zerbst
Zarin von Russland

1729 Stettin/heute Sczecin (Polen) –
1796 Zarskoje Selo bei St. Petersburg

Als Zarin von Russland (Gemälde nach einem Porträt von Fjodor Stepanowitsch Rokotow, Zerbst, Sammlung Katharina II.)

Ihre bedeutende Persönlichkeit und ihr außergewöhnliches Leben, in dem sie von der Prinzessin Sophie Auguste Friederike aus dem kleinen deutschen Fürstentum Anhalt-Zerbst zur mächtigen russischen Zarin Katharina II. aufstieg, faszinieren bis heute.

Sie wuchs in der damals preußischen Garnisonstadt Stettin (heute Sczecin/Polen) auf, wo ihr Vater Christian August durch den »Soldatenkönig« Friedrich Wilhelm I. als Statthalter eingesetzt worden war. Im November 1742, nach dem Tod seines Cousins Johann August, wurde ihr Vater Fürst von Anhalt-Zerbst – ein kleines Reich mit nur 20 000 Einwohnern. Er war ein guter Regent. Ein Reisender berichtete, hier lebe »das einzige Volk, von dem ich niemals Klagen hörte«.

Die Fürstenfamilie bezog das Zerbster Residenzschloss, ein monumentaler, ab 1681 u. a. von Cornelis Ryckwaert und Giovanni Simonetti errichteter Barockbau, von dem seit der Zerstörung kurz vor Ende des Zweiten Weltkriegs im April 1945 nur noch die Ruine des Ostflügels erhalten ist.

Nur wenig mehr als ein Jahr verbrachte Sophie, die älteste von fünf Geschwistern, in Zerbst. Nachdem man sich nach einem passenden Mann für sie umgesehen hatte, fiel ihre eigene Wahl auf den russischen Thronfolger Großfürst Peter, dessen Tante, die regierende Zarin Elisabeth, eine Braut für ihn suchte. Er war in Kiel aufgewachsen,

Zerbst (Sachsen-Anhalt), Katharinenweg, Schloss Zerbst: Nur der Ostflügel des Barockschlosses, in dem Katharina kurze Zeit zu Hause war, ist als Ruine erhalten. Der Bau wurde gesichert und einige Räume, wie die Gemächer ihrer Mutter, provisorisch wieder hergerichtet. Sie stehen für Besucher offen. Im ehemaligen Kavalierhaus (heute Rathaus) erinnert eine kleine Ausstellung an Katharina, die berühmteste Bewohnerin von Zerbst.

Im Zerbster Schlosspark blickt die junge Prinzessin Sophie auf die Reste ihres Schlosses, das sie als Vierzehnjährige verließ, um die Frau des russischen Thronfolgers und, als Zarin Katharina II., eine der mächtigsten Frauen Europas zu werden. Das moderne, 2010 aufgestellte Denkmal ist ein Werk des russischen Bildhauers Michail Perejaslawez, der es der Stadt Zerbst schenkte.

Sophie hatte ihn bereits 1739 im Eutiner Schloss kennengelernt. »In meinen geheimsten Gedanken«, schrieb sie rückblickend, »entschied ich mich für ihn, denn von allen Verbindungen, die man für mich in Aussicht genommen hatte, war dies die glänzendste.« Noch keine fünfzehn Jahre alt, brach sie im Januar 1744 mit ihrer Mutter Johanna Elisabeth, geb. von Holstein-Gottorf, nach St. Petersburg auf. 1745 heiratete sie Peter. Ihre Mutter kehrte allein nach Zerbst zurück. Weder ihre Familie noch ihr altes Zuhause sah Sophie, aus der jetzt Katharina geworden war, jemals wieder.

Intelligent und ehrgeizig, passte sie sich ihrer neuen Heimat an, lernte Russisch und trat vom evangelischen zum orthodoxen Glauben über. Die Ehe mit dem unreifen, fast gleichaltrigen Peter jedoch war eine Katastrophe.

Durch einen Staatsstreich gegen ihn kam sie 1762 schließlich selbst an die Macht. Ihr Mann, der sich als schlechter Monarch erwiesen hatte, wurde nach nur sechs Monaten Regentschaft zur Abdankung gezwungen und kurz darauf in Gefangenschaft ermordet. Katharina soll nichts davon gewusst haben.

34 Jahre lang, bis zu ihrem Tod, blieb sie Zarin von Russland und damit eine der mächtigsten Frauen Europas. Aus dem rückständigen Land begann sie einen modernen Staat nach westlichem Vorbild zu entwickeln: Sie reformierte die Verwaltung und das Bildungs- und Sozialwesen, gründete Städte, ließ Kranken- und Waisenhäuser bauen, förderte die Kultur und bemühte sich, die Liebe ihrer Untertanen zu gewinnen. Ihr Vater, der Zerbster Fürst, war ihr dabei sicher ein Vorbild.

CHARLOTTE KESTNER, geb. Buff
Freundin und literarische Figur von Goethe

1753 Wetzlar – 1828 Hannover

Kultfigur der Goethezeit: Charlotte Kestner, geb. Buff (Gemälde von Johann Heinrich Schröder, 1782, Goethemuseum, Frankfurt am Main)

Ein Flirt mit Johann Wolfgang von Goethe machte sie berühmt. Die Begegnung mit ihr verarbeitete er in »Die Leiden des jungen Werthers« (1774), einem Briefroman über einen unglücklich Verliebten, der ein Bestseller wurde und einen wahren Kult um die Hauptfiguren auslöste.

Aus Charlotte Kestner, die damals noch Buff hieß, war die Romanfigur »Lotte« geworden, ihr Porträt wurde als Druck verbreitet und fand sich sogar auf »Werther-Tassen« wieder.

Kennengelernt hatten sich der 23-jährige Goethe, der als junger Jurist im Sommer 1772 ein Praktikum am Wetzlarer Reichskammergericht machte, und die 19 Jahre alte Tochter des Wetzlarer Kastnereiverwalters und Amtmanns des Deutschen Ordens Heinrich Adam Buff beim Tanz im nahe gelegenen Volpertshausen. Im alten Jagdhaus, dem heutigen Heimatmuseum Goethehaus in Hüttenberg-Volpertshausen, ist der einstige Ballsaal noch zu sehen.

Goethe verliebte sich in Charlotte Buff, die als schön, heiter und beherzt beschrieben wurde – eine aussichtslose Lage, denn sie war bereits mit dem Legationssekretär Johann Christian Kestner (1741–1800) verlobt, der im »Werther« später als »Albert« erscheint.

Wetzlar (Hessen), Lottestraße 8–10: Das ehemalige Areal des Deutschen Ordens. Links das heutige Museum Lotte-Haus, ein Verwalterhaus von 1653, in dem ihr Vater eine Dienstwohnung hatte. Als Zweitälteste von sechzehn Kindern verbrachte Charlotte Kestner hier ihre Kindheit. Das Museum zeigt die Wohnräume der Familie und Informationen zu Goethes »Werther«-Roman. Rechts die alte Zehntscheune und die Ordensherberge.

»Lotte verteilt das Abendbrot an ihre Geschwister« illustriert eine der berühmtesten Szenen aus Goethes Bestseller-Roman »Die Leiden des jungen Werthers«, zu dessen weiblicher Hauptfigur ihn Charlotte Kestner inspiriert hatte (Gemälde von Ferdinand Raab nach Wilhelm von Kaulbach, 2. Hälfte 19. Jahrhundert, Wetzlar, Museum Lotte-Haus).

Dennoch besuchte Goethe sie täglich zu Hause, wo sie sich seit dem Tod ihrer Mutter um die vierzehn jüngeren Geschwister kümmerte. Im »Werther« heißt es später: »Da ich in die Tür trat, fiel mir das reizendste Schauspiel in die Augen, das ich je gesehen habe. In dem Vorsaale wimmelten sechs Kinder von eilf [!] zu zwei Jahren um ein Mädchen von schöner Gestalt, mittlerer Größe, die ein simples weißes Kleid, mit blaßroten Schleifen an Arm und Brust, anhatte. Sie hielt ein schwarzes Brot und schnitt ihren Kleinen rings herum jedem sein Stück […].«

Am 11. September 1772 verließ Goethe Wetzlar, ohne sich zu verabschieden. Anders als sein Romanheld erschoss er sich jedoch nicht, sondern lebte als »Dichterinstitution« in Weimar. Buff heiratete im Frühjahr 1773 »ihren« Kestner, der rechtschaffen, aber ein bisschen trocken gewesen sein soll, und zog mit ihm nach Hannover, wo er als Archivar arbeitete. Sie ging in ihrer Rolle als Mutter von vier Töchtern und acht Söhnen und der Organisation des großbürgerlichen Haushalts auf. Ihre Hannoveraner Wohnungen, u. a. am heutigen Georgswall 3, sind zerstört, nur ihr Grab auf dem Gartenfriedhof ist erhalten.

Goethe, mit dem sie und ihr Mann viele Jahre Briefe gewechselt hatten, sah sie 44 Jahre später bei einem Weimar-Besuch noch einmal wieder – eine Begegnung, die Thomas Mann lebensnah in seinem Roman »Lotte in Weimar« schildert.

Charlotte Kestner schrieb damals: »[…] ich habe eine neue Bekanntschaft von einem alten Mann gemacht, welcher, wenn ich nicht wüsste, daß er Goethe wäre, und auch dennoch, hat er keinen angenehmen Eindruck auf mich gemacht.« Und → Charlotte von Stein äußerte süffisant über »Madame Kestner«: »[…] freilich würde sich kein Werther mehr um sie erschießen.«

IRMGARD KEUN
Schriftstellerin

1905 Charlottenburg/heute zu Berlin – 1982 Köln

Die junge Bestsellerautorin, um 1930

Irmgard Keun, die die längste Zeit ihres Lebens in Köln verbrachte, kam aus Charlottenburg, damals eine der reichsten Gemeinden Deutschlands, die erst seit 1920 zu Berlin gehört. Keun wurde in der ersten Etage des Gartenhauses Meinekestraße 6 geboren – gleich um die Ecke des Kurfürstendamms. Ein Jahr später zog die Familie in den zweiten Stock des vornehmeren Vorderhauses. Der Vater, ein Kaufmann, verdiente inzwischen gut. Bis zur Übersiedlung nach Köln im Jahr 1913 sind die Keuns – 1910 war Gerd, der »widerliche Bruder« (Keun), zur Welt gekommen – in Berlin noch mehrfach umgezogen, zuletzt in die Konstanzer Straße im Bezirk Wilmersdorf.

In Köln lernte Keun Stenotypistin, machte eine Schauspielerausbildung und hatte erste Engagements – bis sie durch ihre beschwingten Kurzromane »Gilgi, eine von uns« (1931) und »Das kunstseidene Mädchen« (1932) überraschend bekannt wurde. Beide, noch heute sehr lesenswerten Bücher beschreiben die wirtschaftliche und gesellschaftliche Krise der Weimarer Republik aus der Perspektive einfacher Büromädchen, die sich, genauso keck wie verzweifelt, nach materieller Sicherheit, Freiheit und etwas »Glanz« im Leben mit »[...] weißem Auto und Badewasser, das nach Parfüm riecht [...]« sehnen. Keuns salopper, ironischer Stil kam an.

Berlin-Charlottenburg, Meinekestraße 6: Ihr Geburtshaus aus dem Jahr 1898 gehörte damals zu den modernen Gründerzeitbauten der vornehmen Gegend um den Kurfürstendamm.

Irmgard Keun: Das kunstseidene Mädchen Roman

Ihr Erfolgsroman als Taschenbuchausgabe aus dem Jahr 1979. »Aber ich will schreiben wie im Film«, sagt Romanheldin Doris, »denn so ist mein Leben und wird noch mehr so sein.«

Im »kunstseidenen Mädchen« setzt sie ihrer Geburtsstadt, die sie achtjährig verlassen hatte, zugleich ein Denkmal. Hautnah erlebt Romanheldin Doris das Berliner Flair zu Beginn der 1930er Jahre: modernes Tempo, Existenzkampf und Luxus, »[...] Delikatessen, die man sich schämt, nicht zu kennen [...] Menschen am KaDeWe, das ist so groß und mit Kleidern und Gold [...].«

Die NS-Diktatur beendete ihre gerade begonnene Karriere jäh. Ihre Bücher galten jetzt als »schädliches und unerwünschtes Schrifttum«. Während ihr Ehemann, der 23 Jahre ältere Regisseur und Schriftsteller Johannes Tralow, im Land blieb und ihr Geliebter, der jüdische Arzt Arnold Strauss, in den USA auf sie wartete, reiste Keun mit dem alkoholkranken Starautor Joseph Roth quer durch Europa. Ab 1940 lebte sie wieder in Köln in ihrem heute stark veränderten Elternhaus im Stadtteil Braunsfeld, Eupener Straße 19 – illegal, aber unentdeckt: Die Presse hatte über ihren Selbstmord berichtet.

In der Nachkriegszeit konnte Keun nicht mehr richtig Fuß fassen. Sie verarmte, 1951 bekam sie ihre Tochter Martina, deren Vater sie zeitlebens verschwieg. Wegen schwerer Alkoholprobleme verbrachte sie mehrere Jahre in der Bonner Psychiatrie. Erst Ende der 1970er Jahre erlebte sie ein Comeback. Ihre Bücher, darunter »Nach Mitternacht« (1937), und »Kind aller Länder« (1938), in denen sie, wiederum unsentimental und ironisch, ihre Erlebnisse in Nazi-Deutschland und im Exil verarbeitete, wurden neu aufgelegt. Es war ein kurzes letztes Glück: Keun, die die letzten Jahre in der Kölner Trajanstraße 10 verbrachte, starb 1982 an Lungenkrebs.

SARAH KIRSCH
Schriftstellerin, Journalistin, Übersetzerin, Malerin, Biologin

1935 Limlingerode/Thüringen –
2013 Heide/Schleswig-Holstein

1984 in Tielenhemme

1966, als junge Schriftstellerin noch in der DDR lebend, beklagte Sarah Kirsch provozierend: »Dass der Tag nur 24 Stunden enthält, es in Halle keinen guten Kognak und kein Kohlepapier gibt, es demzufolge ebenso schwer ist wie vor der technischen Revolution, gute Gedichte zu schreiben.« Eine Bemerkung, die den Kulturfunktionären überhaupt nicht gefiel.

Auch später im Westen sagte sie offen ihre Meinung und machte nicht alles mit. So lehnte sie die Wahl in die Berliner Akademie der Künste, die sie für eine »Schlupfbude« für ehemalige Staatsdichter und Stasi-Zuträger hielt, 1992 ab.

Sie wurde im Dorf Limlingerode geboren und wuchs in Halberstadt auf. Beide Orte lagen in dem Teil des Harzes, der später zur DDR gehörte. Kirsch studierte Biologie in Halle an der Saale (Wohnung Rathausstraße 7) und anschließend am »Literaturinstitut Johannes R. Becher« in Leipzig. Gemeinsam mit ihrem Mann, dem Lyriker Rainer Kirsch, den sie bald »Prinz Herzlos« nannte, gab sie die ersten Gedichte heraus. Für ihren Band »Gespräch mit dem Saurier« (1965) erhielten beide eine Auszeichnung. Sie lebte angepasst und trat sogar der SED bei.

Ein kritisches Statement wiederum war ihr neuer Vorname. Kirsch, die eigentlich Ingrid Bernstein hieß, nannte sich ab 1960 »Sarah« – der Name, den Jüdinnen in der Nazizeit als Zusatz im Pass stehen haben mussten: »Als ich zu schreiben anfing, habe

Limlingerode (zu Hohenstein/Thüringen), Lange Reihe 11: Im Obergeschoss des ehemaligen Pfarrhauses aus dem Jahr 1852 wurde die Lyrikerin am 16. April 1935 geboren. Das Haus ist kein Museum, aber die »Dichterstätte Sarah Kirsch« veranstaltet hier regelmäßig Lesungen und Vorträge zu kulturwissenschaftlichen Themen.

»Beim Malen bin ich wie weggetreten«: Das Malen von Aquarellen und Gouachen, aber auch das Anfertigen von Collagen gehörte zu ihren liebsten Hobbys. Ihre farbenfrohen Aquarelle dekorieren sogar Ausgaben ihrer Gedichtbände.

ich das als Sarah Kirsch getan, was natürlich mit Nazideutschland zu tun hat, weil ich mir dachte, wenn damals jemand diesen Namen tragen mußte, dann ist er für mich gut genug. Es richtete sich aber auch gegen die DDR, in der ein starker Antisemitismus herrschte [...].«

Kirsch eckte zunehmend an, 1976 unterschrieb sie die Protesterklärung gegen die Ausbürgerung des Liedermachers Wolf Biermann. Rechts und links ihrer Ostberliner Wohnung in einem Hochhaus auf der Fischerinsel hatte sich, wie sie erst lange Zeit später erfuhr, die Staatssicherheit konspirativ eingemietet. Kirsch stellte einen Ausreiseantrag und konnte mit ihrem Sohn Moritz (aus der Beziehung mit dem Lyriker Karl Mickel) 1977 in den Westen gehen. »Das Ländchen«, sagte sie rückblickend über die DDR, »es hat mich geknebelt und schikaniert.«

Ganz im Norden Deutschlands, im Dorf Tielenhemme (Kreis Dithmarschen/Schleswig-Holstein) fand sie 1983 eine neue Heimat. Mit ihrem Sohn und zeitweise mit dem 18 Jahre jüngeren Komponisten Wolfgang von Schweinitz lebte sie im alten Zwergschulhaus am Eiderdeich 22, hielt Schafe, einen Esel, Katzen und Hund.

Mit ihren immer reimlosen Gedichten, in denen Naturbeobachtungen, Märchenhaftes, Persönliches und Politisches sprachmächtig verwoben werden, hatte sie im Osten und im Westen Erfolg. Mehr als zwanzig Gedichtbände (»Landaufenthalt«, 1967, »Erlkönigs Tochter«, 1992) und einige Prosabände, darunter der autobiografische Text »Allerlei-Rauh. Eine Chronik« (1988), hat sie veröffentlicht.

HILDEGARD KNEF
Schauspielerin, Sängerin, Autorin

1925 Ulm – 2002 Berlin

Mit Regisseur Willi Forst bei den Dreharbeiten zum Skandalfilm »Die Sünderin«, 1950

In ihrer Geburtsstadt Ulm gibt es keinen Erinnerungsort an Hildegard Knef, ihr Elternhaus in der Turmgasse 3 wurde 1944 zerstört.

Sie war ein halbes Jahr alt, als sie, nach dem plötzlichen Tod des Vaters, mit ihrer Mutter Frieda nach Berlin kam. Nicht weit entfernt vom Geburtshaus ihres großen Vorbilds → Marlene Dietrich verbrachte Knef die ersten sechs Jahre ihrer Kindheit in der Schöneberger Leberstraße bei ihrem geliebten Großvater Karl – eine glückliche Zeit, über die sie rückblickend in ihren Memoiren berichtet.

Die Lebensumstände waren bescheiden: Die Mutter arbeitete als Sekretärin bei Siemens, betrieb später einen Zigarrenladen und mit ihrem zweiten Mann Wilhelm Wulfestieg ein kleines Schuhmachergeschäft in der Bernhardstraße im Stadtteil Friedenau, wo die Familie auch lebte. 1935 wurde Knefs Halbbruder, der spätere Jazzmusiker Heinz Wulfestieg, geboren.

Mit Ehrgeiz und Zielstrebigkeit gelang ihr der Aufstieg zur gefragten Schauspielerin. Bei den Ufa-Filmstudios, wo sie zunächst Trickfilmzeichnen lernte, ergatterte sie bald kleine Rollen, machte schließlich eine Schauspielerausbildung an der Filmhochschule in Potsdam-Babelsberg und wurde bald nach 1945 Jungstar an der Berliner Tribüne, dem Renaissance- und dem Schlosspark Theater.

Die ersten Erfolge kamen mit der Rolle des Mädchens Anna in Helmut Käutners poetischem Film »Unter den Brücken« (1944/45) und »Die Mörder sind unter uns«

Berlin-Schöneberg, Leberstraße 33: In der Wohnung ihrer Großeltern – dritte Etage, zwei Zimmer – verbrachte die Knef ihre erste Zeit in Berlin – nur eine ihrer insgesamt um die sechzehn Berliner Adressen.

Das Schlosspark Theater in Berlin-Steglitz, das heute der Komiker Dieter Hallervorden betreibt. In der Komödie »Drei Mann auf einem Pferd« von John Cecil Holm und George Abbott spielte die Knef hier 1946 die »Mabel« – ihr Durchbruch als Theaterschauspielerin. Kollege Gustaf Gründgens war begeistert: »Ich habe seit Chaplin nicht mehr so gelacht!«

von Wolfgang Staudte (1946), in dem sie die KZ-Überlebende Susanne Wallner in den Ruinen Berlins spielt. Den ersten Skandal hatte sie fünf Jahre später mit »Die Sünderin«, einem Film um Prostitution und Sterbehilfe, in dem sie sieben Sekunden lang nackt zu sehen ist.

Nach Hollywood engagiert, aber dort wenig erfolgreich, begann Knef Anfang der 1960er Jahre eine Karriere als Chansonsängerin, teilweise mit selbst verfassten Texten, wie »Für mich soll's rote Rosen regnen« und »Ich hab so Heimweh nach dem Kurfürstendamm«. Wegen ihres rauchigen Sprechgesangs nannte sie die Jazzsängerin Ella Fitzgerald die »beste Sängerin ohne Stimme«.

Mit ihrem autobiografischen Roman »Der geschenkte Gaul« (1970) war Knef auch als Buchautorin erfolgreich. Ihre beruflichen Höhen und Tiefen, aber auch ihr Privatleben, ob Medikamentensucht, Brustkrebserkrankung oder ihre Scheidungen von dem US-Filmoffizier Kurt Hirsch und dem englischen Schauspieler David Cameron, mit dem sie die Tochter Antonia hatte, machten stets Schlagzeilen in der Boulevardpresse.

Im Gegensatz zu Marlene Dietrich, die Deutschland 1930 für immer den Rücken gekehrt hatte, zog es die Knef nach langen Auslandsaufenthalten wieder nach Berlin, wo sie wiederum häufig die Wohnungen wechselte.

Ruhe fand sie erst mit ihrem dritten Ehemann, dem fünfzehn Jahre jüngeren Paul von Schell. Mit ihm lebte sie zuletzt in der Gradnauer Straße 18 in Kleinmachnow bei Berlin.

Auf dem Zehlendorfer Waldfriedhof ist sie bestattet.

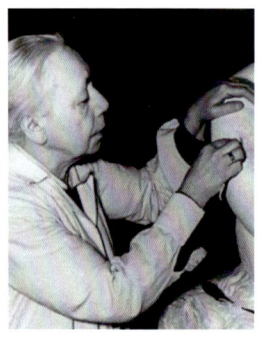

KÄTHE KOLLWITZ
Grafikerin, Bildhauerin

1867 Königsberg, heute Kaliningrad/Russland –
1945 Moritzburg bei Dresden

Mit dem Modell ihrer »Großen Muttergruppe«, 1937

Einer Einladung des Kunstsammlers Ernst Heinrich Prinz von Sachsen folgend, siedelte Käthe Kollwitz am 20. Juli 1944 nach Moritzburg bei Dresden über und verbrachte im Rüdenhof ihre letzten Lebensmonate. In dem aus dem 18. Jahrhundert stammenden Gut bewohnte sie das Balkon- und das Eckzimmer im ersten Stock – mit Blick auf das barocke Wasserschloss Moritzburg. An eigenen Dingen brachte Kollwitz nur ihr Tagebuch und eine Kopie von Goethes Totenmaske nach Moritzburg mit; beides wird hier aufbewahrt. Es war bereits ihre zweite Notunterkunft. Schon im August 1943 war sie vor den Bombenangriffen aus Berlin zu einer Bekannten nach Nordhausen geflüchtet; ihre Berliner Wohnung wurde im November 1943 zerstört.

Berlin war das Zentrum ihres Lebens gewesen. Mehr als 50 Jahre lang lebte sie an der Seite ihres Mannes, dem sozialdemokratischen Armenarzt Karl Kollwitz (1863–1940), der dort eine Allgemeinpraxis besaß, in einer einfachen Wohnung im Arbeiterbezirk Prenzlauer Berg (heute dort Neubau Kollwitzstraße 56a).

Moritzburg (Sachsen), Meißner Straße 7: Im Rüdenhof, seit 1995 Käthe-Kollwitz-Gedenkstätte, starb die Künstlerin am 22. April 1945.

Ihr Denkmal auf dem Kollwitzplatz in Berlin-Prenzlauer Berg schuf Gustav Seitz nach einem ihrer Selbstporträts. Ganz in der Nähe stand einst ihr Wohnhaus.

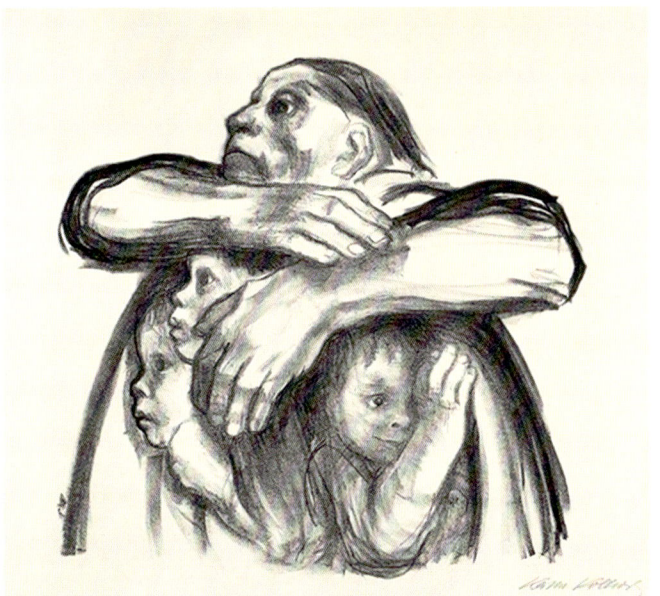

»Saatfrüchte sollen nicht zermahlen werden« – ihre letzte Lithografie (1942)

Hier fand sie die Themen ihrer künstlerischen Arbeit: Die bittere Armut des Industrieproletariats, Arbeitslosigkeit, Wohnungsnot, ausgezehrte Menschen und immer wieder die ihre Kinder schützende Mutter. Unter anderem mit ihren Grafikzyklen »Bauernkrieg« und »Der Weberaufstand« (1894–1898), zu dem sie Gerhart Hauptmanns Sozialdrama »Die Weber« inspiriert hatte, wurde sie *die* sozialkritische Künstlerin ihrer Zeit – immer unterstützt von ihrem Mann Karl, der, anders als die meisten Männer seiner Zeit, kein Problem mit dem Erfolg seiner Frau hatte.

Kollwitz schuf außerdem politische Plakate, wie »Nie wieder Krieg« für den mitteldeutschen Jugendtag 1924, und später auch Skulpturen, darunter die monumentalen »trauernden Eltern« – in Gedenken an ihren jüngsten Sohn Peter, der zu Beginn des Ersten Weltkriegs gefallen war. Die Figuren, die ihre eigenen und die Gesichtszüge ihres Mannes tragen, befinden sich heute auf dem Mahnmal für die gefallenen Soldaten auf dem deutschen Soldatenfriedhof Vladslo bei Ostende in Belgien.

Kollwitz, die an der Berliner Künstlerinnenschule sowie der Akademie der Künste lehrte und als erste Frau Mitglied der Preußischen Akademie der Künste wurde, bekam immer wieder politische Repressalien zu spüren. Kaiser Wilhelm II. verweigerte ihr für den »Weber-Zyklus« einst die Goldmedaille der Großen Berliner Kunstausstellung. Von den Nazis, die auch ihren Mann schikanierten, indem sie ihm zeitweise die Kassenzulassung entzogen, wurde sie 1933 aus der Akademie ausgeschlossen. 1936 erhielt sie Ausstellungsverbot.

Nach ihrem Tod unmittelbar vor Kriegsende, am 22. April 1945, wurde sie in das Begräbnis ihrer Familie auf dem Berliner Zentralfriedhof Friedrichsfelde überführt, das mit ihrem Bronzerelief »Ruht im Frieden seiner Hände« geschmückt ist.

In Berlin und in Köln befinden sich Käthe-Kollwitz-Museen.

KÄTHE KRUSE, geb. Simon
Schauspielerin, Puppenmacherin, Unternehmerin

1883 Dambrau bei Breslau (heute Dąbrowa/Polen) – 1968 Murnau/Bayern

Mit einem Teil ihrer Familie in Bad Kösen, 1914

Käthe Kruse war weit mehr als eine »Puppenmutter«, wie sie oft etwas abwertend genannt wird. Fast eine Generation jünger als die Stofftier-Herstellerin → Margarete Steiff, zählt sie zu den wenigen Erfolgsunternehmerinnen der ersten Hälfte des 20. Jahrhunderts, an die heute Käthe-Kruse-Puppen-Museen in Bad Kösen und Donauwörth erinnern.

Angefangen hat alles im Charlottenburger Künstlerhaus St. Lukas, das sie und ihr fast dreißig Jahre älterer Mann, der Bildhauer Max Kruse (1854–1942), neben vielen anderen Künstlern bewohnten. Sie lebten in einer Atelierwohnung im dritten Stock, er arbeitete zwei Etagen tiefer. Heute so gut wie vergessen, zählte er damals zu den etablierten Künstlern, dessen mythologische Monumentalplastiken wie »Der Siegesbote von Marathon« im Berlin Kaiser Wilhelms II. groß in Mode waren.

Käthe Kruse, in dieser Zeit noch eine unbekannte Jungschauspielerin am Berliner Lessingtheater, fand bald eine Beschäftigung, mit der sie berühmter als ihr Mann wurde: Weil sie für ihre kleine Tochter Maria keine geeignete Puppe fand, begann sie

Berlin-Charlottenburg, Fasanenstraße 13: Das nach dem Schutzpatron der Maler St. Lukas benannte Künstlerhaus wurde 1889/90 nach Plänen des Berliner Architekten Bernhard Sehring errichtet. Die Wohnungen und Ateliers im großen historisierenden Baukomplex gehörten seinerzeit zu den begehrtesten im damaligen Charlottenburg. Käthe Kruse, die von 1909 bis 1912 im Künstlerhaus lebte, schuf hier ihre ersten Puppen.

Käthe-Kruse-Puppe aus den 1960er Jahren (Privatbesitz). Heute sind die Puppen eher teure Klassiker und Sammlerstücke als Kinderspielzeug.

selbst welche zu basteln. In der Vorweihnachtszeit 1909 stellte sie ihre Puppen im legendären Berliner Warenhaus Tietz in der Leipziger Straße erstmals aus. »Kein Stuhl, kein Tisch, kein Sofa oder Fensterbrett frei, überall: Puppenbeine, Puppenarme, Puppenkörper, Puppenschnitte. [...]«, erinnerte sie sich später an die Produktionsanfänge in ihrer Berliner Wohnung.

Ihre Puppen waren etwas ganz Neuartiges und wurden ein Welterfolg. Im Unterschied zu den damals handelsüblichen steifen Porzellanpuppen mit starren Glasaugen eigneten sich ihre zum Kuscheln und Liebhaben, denn sie besaßen weiche Stoffkörper, unzerbrechliche Kunststoffköpfe und vor allem anmutige, lebensechte Gesichter. Weniger niedlich allerdings sind Kruses »Soldatenpuppen« oder »Friedebald als SA-Mann«, den sie während der Nazi-Zeit entwarf.

Seit 1912 produzierte sie in der eigenen Firma in Bad Kösen (heute zu Naumburg, Sachsen-Anhalt) bereits vierzig verschiedene Puppentypen. Nach 1945 – Bad Kösen gehörte jetzt zur DDR, die ihr Unternehmen verstaatlichen wollte – gründeten ihre Söhne Niederlassungen im niedersächsischen Bad Pyrmont und in Donauwörth/Bayern.

Auch privat war Käthe Kruse ihrer Zeit voraus. Mit ihren sieben Kindern, zu denen auch Max junior gehörte, der als Kinderbuchautor mit seinen »Urmel«-Büchern später so berühmt wie seine Mutter wurde, wohnte sie meist allein in ihren Bad Kösener Villen in der Kukulauer Straße 11, später in der Rudolf-Breitscheid-Straße 11. Ihr Mann war in Berlin geblieben und kümmerte sich nicht viel um seine Familie. Mit ihren zwei kleinen Töchtern hatte sie schon als junge Frau ohne ihn im schweizerischen Tessin auf dem Monte Verità, dem legendären Treffpunkt von Alternativen und Lebensreformern, gelebt. Erst 1909, nachdem schon drei Kinder da waren, hatten sie geheiratet.

ELSE LASKER-SCHÜLER
Schriftstellerin, Zeichnerin

1869 Elberfeld, heute zu Wuppertal – 1945 Jerusalem

Die exzentrische Lyrikerin in jungen Jahren

Else Lasker-Schüler war exzentrisch und unkonventionell. »Sie schlief oft auf Bänken«, berichtete der Lyriker Gottfried Benn, »und sie war immer arm in allen Lebenslagen und zu allen Zeiten.« »[…] behängt mit auffallendem, unechtem Schmuck, Ketten, Ohrringen, Talmiringen an den Fingern«, gehörte sie als selbsternannter »Tino von Bagdad« oder »Jussuf Prinz von Theben« zu den auffälligsten Erscheinungen der damaligen Künstlerszene im Berliner »Café des Westens« am Kurfürstendamm. Dabei war sie eine »höhere Tochter«, eine Bankierstochter aus Elberfeld, das heute zu Wuppertal gehört. Der Gründerzeitbau in der Sadowastraße 7 ist ihr Elternhaus.

Als junge Frau des Arztes Berthold Lasker war sie 1894 nach Berlin gekommen (Wohnung Schlüterstraße 58 in Charlottenburg). Sie fand sich jedoch nicht ein in ihre Rolle als bürgerliche Hausfrau, sondern sah sich als Künstlerin. Schon 1903 wurde die Ehe wieder geschieden.

Im gleichen Jahr heiratete sie den Verleger und Galeristen Herwarth Walden – ähnlich begabt und kompliziert wie sie. Er gab die heute legendäre Zeitschrift »Der Sturm« heraus, das publizistische Organ der künstlerischen Avantgarde, in dem auch sie Gedichte veröffentlichte. Nach neun Jahren wurde auch diese Ehe geschieden.

Berlin-Schöneberg, Motzstraße 7: Keine Wohnung, sondern eine Dachkammer im Hotel Koschel (heute Hotel Sachsenhof) nahe dem Nollendorfplatz war von 1924 bis zu ihrer Emigration im April 1933 das Zuhause von Else Lasker-Schüler.

»Indianerinnen« – Zeichnung von Else Lasker-Schüler, um 1928 (Jüdisches Museum Frankfurt am Main)

Der Schriftsteller Alfred Döblin, der sie in ihrer nicht erhaltenen Wohnung in Berlin-Halensee, Katharinenstraße 5, besuchte, erinnerte sich später: »Ich wohnte heftigen Szenen zwischen den beiden bei. Es hat lange gedauert, bis sie sich trennten.«

Für ihre Zeit skandalös offen, hatte sie immer wieder Liebesbeziehungen zu jungen Männern, darunter zu dem siebzehn Jahre jüngeren Gottfried Benn. Den Vater ihres Sohnes Paul (1899–1927) offenbarte sie zeitlebens nicht.

Nach der Scheidung von Walden hat Lasker-Schüler, so Benn rückblickend, »[...] nie mehr eine eigene Wohnung gehabt, immer nur enge Kammern, vollgestopft mit Spielzeug, Puppen, Tieren, lauter Krimskrams.« Eine Art Heimat fand sie für längere Zeit in der Schöneberger Motzstraße 7 (damals 78): »Hotel Koschel«, »verhältnismäßig sehr billig. Ich bezahle 5,50 für Zimmer, habe heiß Wasser und Heizung und schön.« Es war ihre letzte deutsche Adresse. Mehrfach antisemitisch angegriffen, emigrierte sie im April 1933 in die Schweiz und lebte ab 1939, auf die Unterstützung von Freunden angewiesen, in Palästina.

Anders als im Leben hatte sie im Beruf Erfolg. Ihre sprachmächtigen Gedichte, die oft eine alttestamentarisch-orientalische Fantasiewelt heraufbeschwören, waren einzigartig und faszinieren bis heute. Benn nannte sie »die größte Lyrikerin, die Deutschland je hatte«. 1902 war ihr erster Gedichtband »Styx« erschienen, es folgte u. a. der Band »Theben«, den Lasker-Schüler, auch eine talentierte Zeichnerin, selbst illustrierte. Sie verfasste auch Prosatexte (»Das Hebräerland«) und Schauspiele, darunter »Die Wupper«, das 1919 am Deutschen Theater Berlin uraufgeführt wurde.

LOTTE LENYA
Sängerin, Schauspielerin

1898 Wien – 1981 New York

Fotografiert von Lotte Jacobi, 1930

Ihre Stimme war hoch und zart, dann wieder tiefer und brüchig. Ihre Gesten sparsam, ihr Auftreten unsentimental und sehnsüchtig, verrucht, vulgär und lässig, mit einem verächtlichen Lächeln und einer Zigarette in der Hand. Obwohl Lotte Lenya weder eine Gesangs- noch eine Schauspielausbildung hatte, wurde sie in den revolutionären Stücken von Bertolt Brecht mit der kongenialen Musik ihres Mannes Kurt Weill zum Weltstar. Als »Seeräuber-Jenny« in der »Dreigroschenoper« (Uraufführung im Berliner Theater am Schiffbauerdamm am 31. August 1928) sowie in der legendären Verfilmung von Georg Wilhelm Papst ist sie unvergessen. Die Songs, Balladen und Moritaten Weills, ein hinreißender Mix aus zeitgenössischer Musik, Jazz und Schlagern nach Texten von Brecht, machte sie zu Hits. In Deutsch und Englisch sang sie »Die Moritat von Mackie Messer«, den »Kanonensong«, »Surabaya-Johnny« oder den »Alabama-Song« aus »Aufstieg und Fall der Stadt Mahagonny«.

Zeitlebens blieb sie die »Botschafterin seiner Musik« (Jens Rosteck), hatte aber auch ohne ihren Mann Erfolg. Ende der 1920er Jahre spielte sie auf zahlreichen Bühnen Berlins, u. a. in Wedekinds »Frühlings Erwachen«.

Lenya hatte Weill im Juli 1924 bei dem wohlhabenden Dramatiker Georg Kaiser, der damals eine Villa im brandenburgischen Ort Grünheide bewohnte, kennen und lieben gelernt. Sie war eine Freundin der Familie Kaiser, die sie bei sich aufgenommen

Kleinmachnow (Brandenburg), Käthe-Kollwitz-Straße 7: Das Haus, 1929/30 von Ferdinand Zarth im Stil der Neuen Sachlichkeit errichtet, konnte Lotte Lenya mit ihrem Mann Kurt Weill nur ein Jahr, bis zu seiner Flucht aus Nazi-Deutschland im März 1933, bewohnen.

Lenya war nicht nur Interpretin der Songs von Bertolt Brecht und Kurt Weill, sondern immer auch Schauspielerin. Das Foto zeigt sie mit Peter Lorre als »Tanja« in der Komödie »Die Quadratur des Kreises« von Walentin Katajew 1930 im Berliner Theater am Schiffbauerdamm.

hatte, als sie, die Tochter eines Wiener Fiaker-Kutschers, die damals noch Karoline Blamauer hieß und in Zürich gerade eine Ausbildung als Tänzerin beendet hatte, nach Berlin kam, um hier Karriere zu machen. Sie heiratete Weill am 26. Januar 1926 und lebte mit ihm in Kaisers Räumen am Luisenplatz 3 in Berlin-Charlottenburg und in einer eigenen Wohnung im Westend, Bayernallee 14, bis sie 1932 ihr Haus im schönen, von Villen und Kiefernwäldern geprägten Ort Kleinmachnow bei Berlin bezogen – ein Symbol ihres auch kommerziellen Erfolgs, aber nur ein kurzes Glück. Das NS-Regime zwang Kurt Weill Ende März 1933 zur Flucht aus Deutschland. Schon bei der Uraufführung von »Mahagonny« hatte es Nazi-Krawalle gegeben, und im Briefkasten des Kleinmachnower Hauses lag ein Zettel: »Was hat ein Jude wie du in einer Gemeinde wie Kleinmachnow zu suchen?«

Lenya blieb zunächst, verkaufte das Haus und reichte die Scheidung ein – um den Verdacht zu vermeiden, »jüdisches Eigentum« ins Ausland zu bringen. Sie heiratete Weill, der ihre erotischen Eskapaden mit Frauen und Männern tolerierte, 1937 in New York ein zweites Mal.

Nach seinem frühen Tod im Jahr 1950 ging sie drei weitere Ehen ein. Sie trat am Broadway auf, spielte u. a. im James-Bond-Film »Liebesgrüße aus Moskau« und trat immer wieder in Brecht/Weill-Stücken auf. In »Die sieben Todsünden«, einem gesellschaftssatirischen Brecht-Ballett mit Gesang, stand sie 1960 in Frankfurt am Main erstmals wieder auf einer deutschen Bühne.

LUISE
Königin von Preußen

1776 Hannover –
1810 Hohenzieritz/Mecklenburg-Vorpommern

Königin Luise – eine preußische Legende (Ausschnitt eines Porträts von Elisabeth Vigée-Lebrun, 1802, Burg Hohenzollern)

Mit Schönheit, Charme und Anmut hatte die siebzehnjährige Luise die Herzen der Berliner bei ihrer Ankunft als Braut des Kronprinzen, der 1797 als Friedrich Wilhelm III. König von Preußen wurde, sofort erobert. Ihr bezauberndes Wesen, das selbst den verfeindeten Napoleon beeindruckte, hat niemand so treffend dargestellt wie der Berliner Hofbildhauer Johann Gottfried Schadow in seiner berühmten »Prinzessinnengruppe« (1795/96, Alte Nationalgalerie Berlin). Mit ihrer Schwester Friederike zeigt er die junge Kronprinzessin in ungezwungener Haltung, frei von jeglicher Hofetikette.

Luise, eine Tochter des Erbprinzen Karl Ludwig Friedrich von Mecklenburg-Strelitz, die bei ihrer Großmutter in Darmstadt eine nicht gerade anspruchsvolle Erziehung erhalten hatte, war kaum ausreichend auf ihre Rolle als zukünftige Königin vorbereitet. Aber ihre Hochzeit am 24. Dezember 1793 im Berliner Stadtschloss war eine in höfischen Kreisen damals seltene Liebesheirat, und ihre gewinnende Art glich den wortkargen und entscheidungsschwachen Charakter des Königs vorteilhaft aus. Sie beriet ihn umsichtig in politischen Fragen, ob bei der Berufung der liberalen Minister Freiherr vom und zum Stein und Fürst von Hardenberg, oder in Bündnisfragen während der Napoleonischen Kriege.

Paretz (zu Ketzin/Havel, Brandenburg), Parkring 1, Schloss Paretz: Der Sommersitz der preußischen Königin, den Theodor Fontane in seinen »Wanderungen durch die Mark Brandenburg« beschrieben hat. Luises Wohnräume mit den originellen mit Pflanzen- und Tiermotiven dekorierten Papiertapeten sind als Schlossmuseum zugänglich.

Das klassizistische Mausoleum im Park des Berliner Schlosses Charlottenburg errichtete der Architekt Heinrich Gentz nach Luises Tod. Hier ruht sie neben ihrem Mann Friedrich Wilhelm III. von Preußen. Die Grabskulpturen schuf der Berliner Bildhauer Christian Daniel Rauch, ein Freund von Caroline von Humboldt.

Mit ihrer großen Familie – zu ihren sieben Kindern gehörte der spätere König Friedrich Wilhelm IV. und Kaiser Wilhelm I. – residierte Luise in Berlin u. a. im Charlottenburger Schloss, wo heute die rekonstruierte Luisen-Wohnung besichtigt werden kann.

Im Sommer zog es sie aufs Land: auf die Berliner Pfaueninsel mit dem romantischen Ruinenschlösschen oder ins brandenburgische Paretz, in dem sie ab 1797 neun unbeschwerte Sommer verbrachte. Schloss Paretz hatten sie und der König durch den preußischen Baumeister David Gilly errichten lassen – nicht als Residenz, sondern im Stil eines einfachen Gutshauses, das mit den einstigen Wirtschaftsgebäuden des Dorfes und der kleinen Kirche heute ein Musterbeispiel preußischer Architektur um 1800 bildet. Luise genoss das unbeschwerte Landleben. Am jährlichen Erntefest nahm sie als »Gutsherrin« teil. »Die Königin mischte sich in die lustigen Tänze«, schrieb General von Köckritz. »Hier war Freiheit und Gleichheit [...].«

Mit der preußischen Niederlage gegen Napoleon endete die glückliche Zeit. Vor dem Einmarsch der Franzosen floh sie mit dem König 1806 ins ostpreußische Memel und kehrte erst 1809 nach Berlin zurück. Im darauffolgenden Jahr starb sie während eines Besuchs bei ihrem Vater im mecklenburgischen Schloss Hohenzieritz (heute Luise-Gedenkstätte, die ihr Sterbezimmer zeigt) im Alter von nur 34 Jahren an einer Lungenentzündung.

Nach ihrem Tod wurde Luise, die zwar die Beraterin ihres Mannes gewesen war, nach außen hin aber nie eine politische Rolle gespielt hatte, als preußische Heldin verehrt und später auch von nationalistischen Kreisen vereinnahmt.

KATHARINA LUTHER, geb. von Bora
ehem. Zisterziensernonne, Frau Martin Luthers

1499 wahrscheinlich Gut Lippendorf/Sachsen –
1552 Torgau/Sachsen

Porträt (Ausschnitt) des Wittenberger Malers Lucas Cranach d. Ä.,
der ihr Trauzeuge war (1526, Wartburg, Eisenach).

Katharina Luther fasziniert: als ehemalige Nonne, die spektakulär aus dem Kloster floh, und als beherzte Frau des Wittenberger Reformators Martin Luther.

Ihr Vater, vermutlich Hans von Bora, dem das Rittergut Lippendorf bei Leipzig gehörte, hatte sie sechsjährig ins Augustinerinnenkloster St. Clemens bei Brehna (heute Sandersdorf-Brehna/Sachsen-Anhalt) gegeben, von dem nur noch Teile der Klosterkirche erhalten sind. Vier Jahre später wurde sie in das heute ebenfalls zerstörte Zisterzienserinnenkloster Marienthron in Nimbschen (Sachsen) aufgenommen, aus dem sie – beeinflusst durch Martin Luthers Schriften und seiner Kritik am Klosterleben – mit elf weiteren Nonnen zu Ostern 1523 floh. Mithilfe des Händlers Leonhard Koppe, der sie in einem mit Heringsfässern beladenen Planwagen versteckte, gelangten sie über das sächsische Torgau nach Wittenberg.

Dort fanden alle geflohenen Nonnen bald einen Ehemann – bis auf Katharina von Bora. Eine Heirat mit dem Nürnberger Patriziersohn Hieronymus Baumgartner scheiterte am Widerstand seiner Familie, und eine Verbindung mit Kaspar Glatz,

Lutherstadt Wittenberg (Sachsen-Anhalt), Collegienstraße 54, Museum Lutherhaus: Der große, auch »Schwarzes Kloster« genannte Bau ist ein ehemaliges, 1504 errichtetes Augustinerkloster, in dem Martin Luther einst als Mönch gelebt hatte. Katharina Luther ließ es zu einem repräsentativen Wohnhaus umbauen. Neben historischen Alltagsgegenständen ist noch heute die Lutherstube, der frühere Mittelpunkt des Familienlebens, zu sehen.

Die Reformationsstadt Wittenberg war seit der Flucht aus dem sächsischen Kloster Marienthron die Heimat von Katharina Luther – Blick über den Markt auf die Stadtkirche St. Marien.

dem Pfarrer von Orlamünde, lehnte sie selbstbewusst ab. Zu dem Theologen Nikolaus von Amsdorf hatte sie gesagt, dass er oder aber Luther ihr lieber wären.

Am 13. Juni 1525 heiratete sie den Reformator: 15 Jahre älter, ehemaliger Augustinermönch, Theologieprofessor und als Papstkritiker und Bibelübersetzer weltberühmt. Trotz vieler Anfeindungen – u. a. kursierten Schmähschriften über den einstigen Mönch und die geflohene Nonne – wurden sie glücklich miteinander. Ohne wirklichen Einfluss auf seine Lehren zu haben, war sie eine kluge Gesprächspartnerin. Als resoluter »Herr Käthe«, wie ihr Mann sie gern nannte, übernahm sie außerdem alles Praktische.

Aus dem heruntergekommenen Schwarzen Kloster mit vierzig Mönchszellen, das ihnen Kurfürst Johann »der Beständige« 1531 schenkte, machte sie ein bewohnbares Haus, inklusive einer Badestube. Der Haushalt glich einem Kleinbetrieb, in dem neben ihren sechs Kindern auch Verwandte ihres Mannes, Dienstboten und Studenten lebten, an die sie vermietete.

Die »Lutherin« stellte selbst Bier her, zog Forellen und Karpfen im eigenen Teich und erwarb Ländereien zur Selbstversorgung, darunter das nicht erhaltene Gut Zöllsdorf bei Leipzig. Mit dem Tod ihres Mannes 1546 fand ihr abgesichertes Leben ein jähes Ende, denn als rechtlose Witwe musste sie um Haus und Besitz kämpfen.

Die Flucht vor Krieg und Seuchen bestimmten die letzten Lebensjahre. 1552 vor der Pest nach Torgau ausweichend, stürzte sie vom Wagen und brach sich das Becken. Gepflegt von ihrer Tochter Margarethe, starb sie wenige Wochen später in der Stadt, in die sie 29 Jahre zuvor als Nonne geflohen war. In ihrem Sterbehaus, Katharinenstraße 11, erinnert eine Dauerausstellung an sie. In der Marienkirche, in der sie beigesetzt worden war, befindet sich ihr Grab-Epitaph.

ROSA LUXEMBURG
Politikerin, Publizistin

1871 Zamość/Polen – 1919 Berlin

Galionsfigur des Kommunismus: Rosa Luxemburg

Als Mitbegründerin der Kommunistischen Partei Deutschlands (KPD) und Politikerin, die für ihre Überzeugung Verfolgung und Haft in Kauf nahm, vor allem aber durch ihre Ermordung ist Rosa Luxemburg bis heute eine prominente Figur. Ungewöhnlich für eine Frau ihrer Zeit, studierte sie Staatswissenschaften in Zürich, Genf und Paris und promovierte 1897 mit dem Thema »Die industrielle Entwicklung Polens«.

1898 kam sie nach Berlin, das ihre Wahlheimat und politische Wirkungsstätte wurde. Als gute Rednerin und gewandte Stilistin, die bereits der sozialdemokratischen Partei ihres Heimatlandes Polen angehört hatte, engagierte sich Luxemburg zunächst im linken Flügel der SPD. Sie unterrichtete an der Parteischule, war Redakteurin des Parteiblatts »Vorwärts« und später bei der »Roten Fahne«, der Zeitung des Spartakusbunds. Ihr Ruf als begabte Polit-Aktivistin reichte schon bald über Berlin hinaus, und am Abend des 4. Januar 1908 besuchten sie sogar Lenin und seine Frau Nadja in ihrer Wohnung in der Berliner Cranachstraße.

Luxemburgs Privatleben war für ihre Zeit sehr unkonventionell. Mit dem Schweizer Gustav Lübeck war sie jung eine Scheinehe eingegangen, durch die sie die deutsche Staatsbürgerschaft erhalten hatte. Seit ihrer Studentenzeit war sie mit ihrem polnischen Parteifreund Leo Jogiches liiert, mit dem sie in der Cranachstraße zusammenlebte. Später verband sie eine Liebesbeziehung mit dem vierzehn Jahre jüngeren

Berlin-Friedenau, Cranachstraße 58: Rosa Luxemburgs Adresse von 1902 bis 1911. Der bürgerliche Bezirk war ihre bevorzugte Wohngegend. Eine Gedenktafel befindet sich auch am Haus in der nahe gelegenen Wielandstraße 23, wo sie seit 1899 im zweiten Stock gelebt hatte.

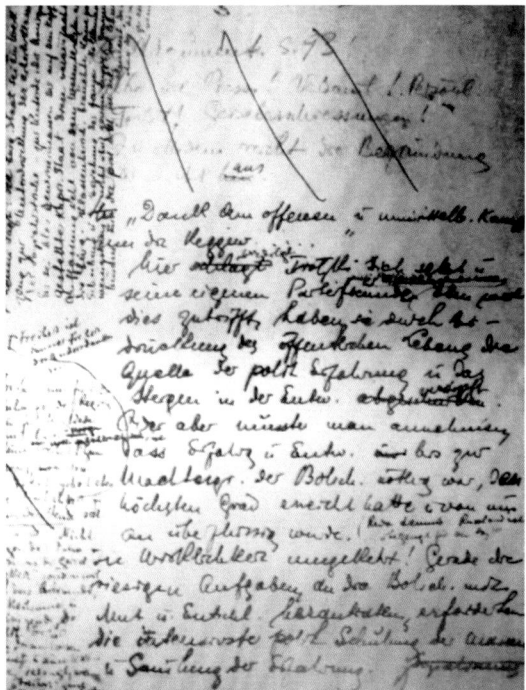

Aus ihrem Manuskript »Zur russischen Revolution«. In der Mitte links ist in kleiner Schrift ihr berühmter Satz zu lesen: »Freiheit ist immer Freiheit des Andersdenkenden.«

Kostja Zetkin, dem Sohn ihrer Genossin → Clara Zetkin, und ihrem Anwalt Paul Levi. Ihr Wunsch nach einer eigenen Familie erfüllte sich nicht.

Heute ist ihr Name eng mit ihrem politischen Weggefährten Karl Liebknecht (1871–1919) verbunden. Zu einer Zusammenarbeit und persönlichen Freundschaft zwischen ihnen kam es 1914, zu Beginn des Ersten Weltkriegs, als sie ihre Zustimmung zu Kriegskrediten verweigerten und gemeinsame Anti-Kriegs-Aktionen organisierten.

Mehrfach wurde Luxemburg zu Gefängnisstrafen verurteilt. Wegen ihres Aufrufs zur Kriegsdienstverweigerung saß sie 1915/16 im ehemaligen »Königlich-Preußischen Weibergefängnis« in der Weinstraße 1–2 im Stadtteil Friedrichshain. Anschließend wurde sie in die Festung Wronke bei Posen und dann nach Breslau verlegt, wo sie erst Anfang November 1918 freikam.

Am 15. Januar 1919, kaum mehr als zwei Wochen nach Gründung der KPD, wurde sie mit Liebknecht in der Wohnung eines Parteifreundes (Berlin-Wilmersdorf, Mannheimer Straße 43; heute Nr. 27) von einer Bürgermiliz festgenommen und im Hotel Eden in der Budapester Straße (nicht erhalten) verhört und misshandelt. Bei ihrem Abtransport wurde sie im Auto erschossen und in den Landwehrkanal geworfen. Eine Stahltafel am Katharina-Heinroth-Ufer in der Nähe des Zoologischen Gartens erinnert heute an ihre Ermordung. Auf dem Zentralfriedhof in Friedrichsfelde, der Grabstätte zahlreicher Linker im Osten Berlins, ist Luxemburg begraben.

KATIA MANN, geb. Pringsheim
Frau des Schriftstellers Thomas Mann

1883 Feldafing bei München – 1980 Kilchberg bei Zürich

Als Verlobte, 1905

Als »Frau Thomas Mann« hat sie ihren Platz in der Literaturgeschichte. Mehr als ein halbes Jahrhundert lang war Katia Mann Ehefrau, Stütze, Beraterin und ›Sekretärin‹ des weltbekannten Schriftstellers und Literaturnobelpreisträgers Thomas Mann (1875–1955). Resolut managte sie den Alltag ihrer großen Familie mit den zwischen 1905 und 1919 geborenen sechs Kindern Erika, Klaus, Golo, Monika, Michael und Elisabeth, die später selbst prominente Persönlichkeiten wurden. Ihren vielbeschäftigten, hochsensiblen und leicht reizbaren Mann bewahrte sie vor allen Widrigkeiten, ja selbst vor der kleinsten Störung. Sie las und tippte seine Manuskripte, übernahm einen Teil seiner umfangreichen Korrespondenz, in der sie manchmal sogar seinen Briefstil imitierte. Und sie trug zur Weltliteratur bei: Während ihrer mehrfachen Sanatoriumsaufenthalte sammelte sie literarisch verwertbare Erlebnisse und Anekdoten für seine Bücher. Vieles, was sie ihm während ihrer Zeit im schweizerischen Lungensanatorium Davos in Briefen schilderte, floss in seinen Weltbestseller »Der Zauberberg« ein.

Dabei hätte Katia Mann eigene Möglichkeiten gehabt. Als jüngstes Kind und einziges Mädchen unter vier Brüdern hatte sie eine unbeschwerte, privilegierte Kindheit in einem reichen, liberalen Münchner Elternhaus verbracht. Ihr Vater, der Mathema-

Ihr Münchner Elternhaus: Das Pringsheimsche Palais war ein Neorenaissance-Bau in der Arcisstraße 12 in der vornehmen Maxvorstadt. Es wurde durch die Nazis enteignet und im Oktober 1933 abgerissen, um den sogenannten »Führerbau« zu errichten. Heute befindet sich hier die Münchner Hochschule für Musik und Theater.

In ihrem Elternhaus wurde gern gefeiert und Theater gespielt. Das Gemälde des Münchner Malers Friedrich August von Kaulbach zeigt die fünfjährige Katia (links) und ihre Brüder 1888 beim Kinderkarneval. Thomas Mann hatte es in jungen Jahren als Druck über seinem Schreibtisch hängen – nicht ahnend, dass er ein Bild seiner zukünftigen Frau vor sich hatte.

tikprofessor Alfred Pringsheim, und ihre Mutter, die ehemalige Schauspielerin Hedwig, geb. Dohm, waren assimilierte Juden – die Kinder wurden getauft und christlich erzogen –, kunstinteressiert und musikbegeistert. Ihr nicht erhaltenes einstiges Palais in der Arcisstraße 12, nahe Münchens großen Kunstmuseen der Alten und der Neuen Pinakothek, bildete ein gastfreies Haus für die damalige Kulturelite. An der Seite ihres Zwillingsbruders, dem späteren Komponisten und Dirigenten Klaus Pringsheim, erhielt sie die beste Ausbildung. Sie lernte Griechisch, Latein, Französisch und Englisch. Als eine der ersten Frauen überhaupt machte sie Abitur und begann an der Münchner Universität ein Mathematik- und Physikstudium, das sie nach ihrer Hochzeit jedoch abbrach – zur Enttäuschung ihrer Großmutter, der bekannten Frauenrechtlerin Hedwig Dohm.

Katia Mann, zeitlebens sehr standesbewusst, genoss trotz aller Belastungen den Glanz an der Seite eines prominenten Schriftstellers. Sie begleitete ihn auf seinen internationalen Vortragsreisen und hatte, wie einst im Elternhaus, kultivierte Prominenz um sich – ob in der Sommervilla in Bad Tölz oder fast zwanzig Jahre lang in der »Poschi«, ihrer Villa im noblen Münchner Stadtteil Bogenhausen, Poschingerstraße 1 (heute Thomas-Mann-Allee 10, dort Neubau im Stil der alten Mann-Villa), sowie auf allen Stationen des Exils, das sie 1933 über Frankreich und die Schweiz in die USA und nach Kriegsende zurück in die Schweiz führte. 93-jährig starb sie dort als angesehene »Schriftstellerwitwe« – 25 Jahre nach ihrem Mann.

SOPHIE MEREAU-BRENTANO
geb. Schubart

Schriftstellerin, Übersetzerin

1770 Altenburg/Thüringen – 1806 Heidelberg

Sophie Mereau (Bleistiftzeichnung, um 1798)

Viele gebildete Frauen um 1800 schrieben. Sophie Mereau-Brentano jedoch war die erste »Berufsschriftstellerin«, die mit der Veröffentlichung ihrer Bücher und Zeitschriftenbeiträge zeitweise sogar ihren Lebensunterhalt verdiente – eine seltene Ausnahme in ihrer Zeit.

Heute ist sie weitgehend vergessen, damals aber war Mereau, die als Tochter des herzoglich-sächsischen Obersteuerbuchhalters Gotthelf Schubart eine überdurchschnittliche Erziehung erhalten hatte, eine Berühmtheit und literarische Größe. In ihrem kurzen Leben entstanden zahlreiche Erzählungen, Gedichte und zwei Romane (»Das Blütenalter der Empfindung«, 1794, sowie »Amanda und Eduard. Ein Roman in Briefen«, 1803). Daneben gab sie eine eigene Zeitschrift mit dem Titel »Kalathiskos« heraus. Wie ihre Schwester Henriette Schubart oder → Charlotte von Schiller übersetzte sie französische, englische, spanische und italienische Literatur, z. B. Giovanni Boccaccios Roman »Fiammetta«. Ihre gefühlvolle, am Ideal der klassischen Antike orientierte Natur- und Landschaftslyrik, wie ihr berühmtestes Gedicht »Schwarzburg«, veröffentlichte ihr Förderer und Freund Friedrich von Schiller in seinem »Musenalmanach« und seinen Zeitschriften »Thalia« und »Die Horen«. Es waren meist die einzigen Beiträge einer Frau.

Jena, Jenergasse 16: Ihr einstiges Wohnhaus (rechts) liegt in einer der ältesten Gassen der Stadt. Ganz in der Nähe, in der nicht erhaltenen Hausnummer 26, lebten damals Charlotte und Friedrich von Schiller. Mit seiner berühmten Universität war Jena um 1800 ein geistiges Zentrum, in dem u. a. Johann Gottlieb Fichte lehrte und sich die jungen Romantiker versammelten. Viele von ihnen trafen sich bei Sophie Mereau.

Der prominente Berliner Kupferstecher und Radierer Daniel Chodowiecki fertigte das Titelkupfer zu ihrem Roman »Das Blütenalter der Empfindung« (1794).

Auch privat war Mereau außergewöhnlich. Mehr als andere Frauen versuchte sie ihr Bedürfnis nach Freiheit und Unabhängigkeit auszuleben. Schön, charmant und anziehend – der Schriftsteller Jean Paul nannte sie die »Miniatürgrazie von Jena« –, hatte sie verschiedene Liebhaber, darunter der Jurist und spätere Lübecker Bürgermeister Johann Heinrich Kipp und der Philologe Friedrich Schlegel. Ihr Haus war der Mittelpunkt des Jenaer Romantiker-Kreises, zu dem, neben Friedrich Schlegel und seinem Bruder August Wilhelm, auch der Philosoph Johann Gottlieb Fichte gehörte.

Von dem Juristen und Universitätsprofessor Karl Mereau ließ sie sich 1801 scheiden. Er bot ihr zwar finanzielle Sicherheit, hatte Verständnis für ihre schriftstellerischen Ambitionen und vermittelte ihr sogar den Kontakt zu Schiller. Sie aber fand ihren Mann bieder und langweilig.

1803 heiratete sie den Schriftsteller Clemens Brentano, einen Bruder von → Bettine von Arnim, der später mit seiner Volksliededition »Des Knaben Wunderhorn« bekannt wurde. Ein ungleiches Paar – sie eine bekannte Autorin, er Student und acht Jahre jünger –, aber durch ihre Literaturbegeisterung miteinander verbunden. Sie schrieben sich Liebesgedichte und leidenschaftliche Briefe und durchlebten miteinander »Himmel und Hölle«, wobei die »Hölle«, wie Sophie Mereau äußerte, »vorherrschend« war.

Mit ihrer Tochter Hulda aus erster Ehe – ihr Sohn Gustav war bereits als Sechsjähriger gestorben – zogen sie nach Marburg, später nach Heidelberg. Sophie Mereau bekam zwei weitere Kinder, die Geburt des dritten überlebte sie nicht. Sie wurde 36 Jahre alt.

MARIA SIBYLLA MERIAN
Kupferstecherin, Malerin, Naturforscherin

1647 Frankfurt am Main – 1717 Amsterdam

Maria Sibylla Merian, 1679

»[...] eine Frau, die wissensdurstig und neugierig war, willensstark und verschlossen, vielseitig begabt und gewandt und durch alle religiösen und familiären Veränderungen hindurch ständig auf der Jagd nach den Schönheiten und Zusammenhängen der Natur«, schreibt die amerikanische Historikerin Natalie Zemon-Davis über Maria Sibylla Merian. Ihre eigenständige Persönlichkeit, ihr künstlerischer Erfolg und ihr abenteuerliches Leben waren ungewöhnlich für ihre Zeit. Ihre naturgetreuen Darstellungen von Blumen, Pflanzen und Insekten, u. a. veröffentlicht in ihren Büchern, wie dem Blumenbuch »nach dem Leben gemahlet« (1675–1680 in drei Teilen erschienen), und »Der Raupen wunderbare Verwandlung und sonderbare Blumennahrung« (drei Bände, 1679–1683), wurden damals europaweit beachtet. Heute sind sie als Reprints erhältlich. Ihre Aquarelle und handkolorierten Kupferstiche, deren Detailtreue noch immer fasziniert, sind beliebte Postkarten- und Kalendermotive.

    Die künstlerische Begabung lag in der Familie. Merians Vater war der in der Frankfurter Altstadt ansässige Frankfurter Kupferstecher und Verleger Matthäus Merian d. Ä. (1593–1650), dessen Städte- und Landschaftsstiche berühmt waren. Auch ihre Halbbrüder Caspar und Matthäus d. J. waren anerkannte Kupferstecher, Maler und Verleger.

Nürnberg, Bergstraße 10: Die berühmte Künstlerin und Naturforscherin lebte in dem um 1412 erbauten »Haus zur goldenen Sonne« in der Nürnberger Altstadt zehn Jahre mit ihrem Ehemann, dem Nürnberger Maler Johann Andreas Graff. Oben die Gedenktafel am Haus.

Die »Gartentulpen« sind Merians nach 1705 entstandener »Gartenserie« zugehörig. Zar Peter der Große zeigte sich auf seiner Hollandreise 1717/18 derart begeistert von der Detailtreue ihrer Aquarelle, dass er diese für sein erstes Museum in St. Petersburg erwarb.

Maria Sibylla Merian wiederum vererbte ihr Talent ihren beiden Töchtern Johanna Helena Graff (1668–1723) und Maria Dorothea Henrica Graff (1678–1743), die ebenfalls Künstlerinnen wurden.

Achtzehnjährig heiratete Merian den zehn Jahre älteren Maler Johann Andreas Graff (1637–1701), der wie sie selbst bei ihrem Stiefvater, dem Blumenmaler und Kupferstecher Jacob Marell, gelernt hatte. Sie zogen in Graffs Heimatstadt Nürnberg, wo sie das spätmittelalterliche Fachwerkhaus in der Bergstraße 10 unweit der Burg und des Dürerhauses bewohnten. Während Graff in Nürnberg als Architekturmaler anerkannt und gefragt war, trug Merian zunächst mit Stick- und Malunterricht für Patrizierfrauen und dem Verkauf von Blumenaquarellen zum Familienunterhalt bei.

Ihre Nürnberger Jahre endeten mit der spektakulären Trennung von ihrem Mann. Womöglich hatte die Ehe unter ihrem zunehmenden künstlerischen Erfolg gelitten. Eine Vermutung, da keine schriftlichen Äußerungen von ihr erhalten sind. Graff ließ sich später von ihr scheiden, um wieder zu heiraten, und Merian begann ein unabhängiges Leben. Mit ihren Töchtern verbrachte sie einige Jahre in der pietistischen Labadistengemeinde Wieuwerd (Niederlande), später zog sie nach Amsterdam. Bereits über fünfzig, bereiste sie zwischen 1699 und 1701 zusammen mit ihrer jüngeren Tochter das südamerikanische Surinam (damals niederländische Kolonie, heute Republik Suriname), um die Pflanzen- und Insektenwelt des Landes zu studieren. Ihr Buch »Metamorphosis Insectorum Surinamensium« (1705) machten die Flora und Fauna Surinams erstmals in Europa bekannt.

PAULA MODERSOHN-BECKER, geb. Becker
Malerin

1876 Dresden – 1907 Worpswede / Niedersachsen

Das Foto zeigt die junge Künstlerin mit ihrem Mann und Künstlerkollegen Otto Modersohn 1903.

Worpswede war der Schauplatz ihres kurzen Lebens als Künstlerin. Die Maler Otto Modersohn, Hans am Ende und Fritz Mackensen hatten das niedersächsische Moordorf 1889 entdeckt und hier eine Künstlerkolonie gegründet, der sich bald u. a. auch Fritz Overbeck und Heinrich Vogeler angeschlossen hatten, um auf dem Land das Einfache und Natürliche zu finden und zu malen. Der Ort wurde berühmt, die Strahlkraft der Worpsweder Künstler wirkt bis heute und zieht Tausende kulturinteressierte Touristen an.

Niemand hätte vermutet, dass Paula Modersohn-Becker posthum die berühmteste Worpswederin werden würde. Ihr Wohnhaus und ihr von ihrem Freund Bernhard Hoetger gestaltetes Grab auf dem Dorffriedhof sind heute ›Pilgerstätten‹.

Die junge, mit sechs Geschwistern in Dresden (vermutlich Friedrichstraße 46) und Bremen aufgewachsene Beamtentochter kam 1897 nach Worpswede, um bei Mackensen Malunterricht zu nehmen. Gegen den Willen ihres Vaters hatte sie ein Kunststudium durchgesetzt. Nach einer Lehrerinnenausbildung – eine Bedingung ihres Vaters – hatte sie in Berlin bereits die Zeichen- und Malschule des Vereins der Berliner Künstlerinnen besucht.

Vier Jahre später heiratete sie den verwitweten, inzwischen sehr erfolgreichen Worpsweder Landschaftsmaler Otto Modersohn. Die Hochzeit fand im Mai 1901 in ihrem Bremer Elternhaus in der Schwachhauser Heerstraße 23 statt. Anschließend

Worpswede (Niedersachsen), Hembergstraße 19: Das einstige Wohnhaus des Künstlerpaares. Otto Modersohn hatte es 1897 gekauft. Heute gehört es zum Museum am Modersohn-Haus, das die ehemaligen Wohnräume mit einigen originalen Einrichtungsgegenständen zeigt. Im Anbau sind Bilder der Worpsweder Malerkolonie zu sehen.

»Sitzendes Bauernkind mit Katze« (um 1905, Privatbesitz). Neben Landschaften, Stillleben oder alten Bäuerinnen waren die Worpsweder Kinder immer wieder ein Motiv ihrer Bilder.

lebte das Paar mit der kleinen Elsbeth, Modersohns Tochter aus erster Ehe, in dem schlichten Worpsweder Bauernhaus, dem heutigen Modersohn-Museum, in einer für ihre Zeit außergewöhnlichen, bald jedoch auch problematischen Ehe.

Modersohn-Becker war keine typische Hausfrau, sondern arbeitete tagsüber intensiv im eigenen Atelier im Brünjeshof (Ostendorfer Straße 25). In den knapp zehn Jahren, die sie als Künstlerin tätig war, schuf sie fast 750 Gemälde und mehr als 1000 Zeichnungen. Ihr Mann schätzte sie als ebenbürtige Kollegin. Erst als sich ihr Malstil wandelte, kam es zu Differenzen. Modersohn-Becker, die sich in Worpswede bald eingeengt fühlte und mehrfach zu Studienzwecken allein in die Kunstmetropole Paris reiste, entfernte sich von den Idealen der Worpsweder. Die Farben wurden expressiv, die Formen grob und flächig. Ihre Porträts von Kindern und alten Bäuerinnen missfielen ihrem Mann: »Hände wie Löffel, Nasen wie Kolben, Münder wie Wunden, Ausdruck wie Cretins [...].«

Modersohn-Becker, die erst 31-jährig, kurz nach der Geburt ihres einzigen Kindes Mathilde, im Wohnzimmer ihres Hauses starb, war zu Lebzeiten völlig unbekannt. Sie hatte so gut wie nie ausgestellt. Heute gilt sie mit ihrem expressiven Stil als eine der ersten modernen Malerinnen.

Das Paula-Modersohn-Becker-Museum in der Bremer Böttcherstraße – wie ihr Grab ein Werk von Hoetger – widmet sich speziell ihren Bildern, die auch in anderen Sammlungen wie der Bremer Kunsthalle zu finden sind.

LUCIA MOHOLY, geb. Schulz
Fotografin, Autorin

1894 Karolinenthal (Karlín)/heute zu Prag –
1989 Zollikon bei Zürich

Selbstporträt 1930

Lange stand Lucia Moholy im Schatten ihres Mannes, dem Maler, Fotografen und Bauhausmeister László Moholy-Nagy (1895–1946), mit dem sie auf dem Gebiet der experimentellen Fotografie eng zusammengearbeitet hatte. Ihre eigenen Arbeiten wurden erst in den 1970er Jahren als selbstständiges Werk wirklich anerkannt; heute zählt sie zu den bedeutenden Fotografinnen des 20. Jahrhunderts. Am bekanntesten sind ihre Bauhaus-Fotografien aus den Jahren 1923 bis 1928: das von Walter Gropius neu erbaute Schulgebäude des Bauhauses in Dessau, seine Meisterhäuser sowie die Produkte der Bauhauswerkstätten, wie die Silber-Teekanne von Marianne Brandt oder die Tischlampe von Wilhelm Wagenfeld aus Glas und Metall – bis heute produzierte Design-Ikonen.

Ihre nüchternen, präzisen, ganz auf den Gegenstand konzentrierten Aufnahmen, die Illustrierte, Zeitungsbeilagen und die eigenen Bücher des Bauhauses bebilderten, dokumentierten nicht nur das Schaffen der heute legendären Design- und Architekturschule, sondern prägten deren modernes Image. Heute sind sie Klassiker der neusachlichen Fotografie.

Moholy porträtierte auch die Bauhäusler und ihre Familien: Direktor Gropius, den Maler Paul Klee im Atelier, die Künstlerfrauen Julia Feininger und Nina Kandinsky, die kleinen Kinder von Oskar Schlemmer. Noch immer faszinieren auch ihre Porträtfotos anderer Persönlichkeiten wie die der betagten Kommunistin → Clara Zetkin.

Dessau, Ebertallee 63: Der Maler Lyonel Feininger bewohnte die rechte, Lucia und László Moholy-Nagy die linke Hälfte des Meisterhauses von Walter Gropius. Ihr Hausteil wurde 1945 zerstört und ab 2010 durch das Architekturbüro Bruno Fioretti Marquez wiederaufgebaut. Die blinden Fenster sollen anzeigen, dass es sich um eine Rekonstruktion handelt.

Ihr Wohnzimmer im
Dessauer Meisterhaus
(Foto von Lucia Moholy,
1927/28)

Mit László Moholy-Nagy, mit dem sie zwischen 1921 und 1929 verheiratet war, lebte Lucia Moholy seit 1923 in Weimar in einer Etage der Neobarock-Villa in der Leibnizallee 2. 1926 folgten beide dem Bauhaus, das sich im konservativen Weimar nicht mehr halten konnte, in die liberalere anhaltinische Industriestadt Dessau, wo sie eine Doppelhaushälfte in Gropius' kleiner Meisterhaussiedlung bewohnten – bis zu ihrem Weggang nach Berlin 1928.

Lucia Moholy, Prager Juristentochter, Lehrerin für Deutsch und Englisch mit anschließendem Kunstgeschichts- und Philosophiestudium, erfahrene Lektorin u. a. bei Rowohlt in Berlin, hatte in Weimar eine Fotografenlehre gemacht und 1925/1926 Foto- und Drucktechnik in Leipzig studiert, sodass sie jetzt als Dozentin für Fotografie an der Berliner Kunstschule ihres einstigen Weimarer Kollegen Johannes Itten arbeiten konnte.

Privat durchlitt sie unsagbar Schweres: Ihr späterer Lebensgefährte, der kommunistische Weimarer Politiker und NS-Widerstandskämpfer Theodor Neubauer, durch den sie einst Clara Zetkin kennengelernt hatte, wurde von den Nazis ins KZ Buchenwald gesperrt, wo er Anfang Februar 1945 hingerichtet wurde. Moholy, als Jüdin selbst gefährdet, hatte ihm nicht helfen können. Sie war 1933 nach London emigriert, wo sie auch als Autorin (»A Hundred Years of Photography«, 1939) und später für die UNESCO als Beauftragte für die Dokumentation des Kulturgutes im Mittleren Osten arbeitete. Seit 1959 lebte sie in der Schweiz.

GABRIELE MÜNTER
Malerin, Grafikerin, Fotografin

1877 Berlin – 1962 Markt Murnau am Staffelsee/Bayern

Gabriele Münter, 1957

Während Gabriele Münter früher auf ihre Rolle als Schülerin und Lebensgefährtin des berühmten Künstlers und Bauhaus-Meisters Wassily Kandinsky reduziert wurde, gilt sie heute als wichtigste Vertreterin des Münchner Malerkreises »Der blaue Reiter«. Wenn sie im Schatten Kandinskys und anderer männlicher Kollegen blieb, so auch, weil sie pragmatisch und zurückhaltend war: »Meine Sache ist das Sehen, das Malen und Zeichnen, nicht das Reden.«

Sie hinterließ ein äußerst umfangreiches Werk von Aquarellen, Hinterglasbildern, Druckgrafiken, Zeichnungen, wie die feinen Bleistift-Porträts aus den 1920er Jahren, sowie über 2000 Gemälde – von impressionistischen Frühwerken bis zu expressionistischen Landschaften und Stillleben in leuchtenden Farben und vereinfachten Formen. In ihrem Nachlass befinden sich außerdem um die 1200 Fotografien. Viele von ihnen waren auf ihrer Amerika-Reise zwischen 1898 und 1900 entstanden, die ihr ihr Vater, ein Zahnarzt, als junge Frau ermöglicht hatte.

Murnau am Staffelsee, Kottmüllerallee 6:
Das Museum Münter-Haus versetzt die Besucher in die Jahre zwischen 1909 und 1914 zurück, als Gabriele Münter mit ihrem damaligen Lebensgefährten und Künstlerkollegen Wassily Kandinsky hier fünf glückliche und kreative Sommer verbrachte. Es zeigt die rekonstruierten Wohnräume mit zahlreichen Gemälden und den einfachen, selbst bemalten Bauernmöbeln.

In ihrem Gemälde »Murnau« stellte Münter den Ausblick aus ihrem Sommerhaus dar (1910, Schlossmuseum Murnau).

Für ihre Zeit äußerst unkonventionell, lebte Münter als junge Frau unverheiratet mit dem verheirateten Kandinsky zusammen (Gartenhaus Ainmillerstraße 36 in München-Schwabing nicht erhalten) und reiste mit ihm durch Europa.

Ihr Name ist eng mit ihrem einstigen Sommerhaus im oberbayerischen Murnau, dem heutigen Museum Münter-Haus, verbunden. Als sie das gerade erst fertiggestellte, für Urlaubsgäste gedachte Haus – Murnau kam damals als Sommerfrische in Mode – 1909 kaufte, erfüllte sich ihr Wunsch nach einem naturnahen Leben, den schon damals viele Künstler hatten. Gemeinsam mit Kandinsky richtete sie es mit schlichten, selbstbemalten Bauernmöbeln ein, legte den Blumen- und Gemüsegarten an und öffnete es dem Künstlerkreis um Alexander Jawlensky, Marianne Werefkin, August Macke und Franz Marc. Immer wieder waren ihr geliebtes Haus und die schöne ländliche Umgebung Motive ihrer Bilder: »Interieur«, »Mein Garten« oder »Blick aufs Murnauer Moos«.

Die gemeinsame Zeit mit Kandinsky endete zu Beginn des Ersten Weltkriegs. Als Russe musste er Deutschland verlassen und reiste nach Moskau zurück. Münter wartete lange in Skandinavien auf ihn – vergeblich, denn bereits 1917 heiratete er die fast dreißig Jahre jüngere Nina von Andreevskaja, mit der er später wieder nach Deutschland kam.

Münter kehrte 1931 mit ihrem neuen Lebensgefährten, dem neun Jahre jüngeren Kunsthistoriker und Philologen Johannes Eichner, den sie in ihrer Berliner Zeit in den 1920er Jahren kennengelernt hatte, in ihr Murnauer Haus zurück. Da sie, wie andere Künstler des »Blauen Reiter«, während des NS-Regimes als »entartet« diffamiert wurde, lebte sie hier möglichst unauffällig und malte und verkaufte unverfängliche Blumenstillleben. Im Keller allerdings hielt sie Werke Kandinskys und anderer Künstlerfreunde versteckt – eine bedeutende Sammlung, die sie 1957 zum großen Teil der Städtischen Galerie im Lenbachhaus München übergab.

ASTA NIELSEN
Schauspielerin

1881 Kopenhagen – 1972 Kopenhagen

In einer Männerrolle als Prinz Hamlet

»Fischerhütten, schöne Villen / Grüßen sich vernünftig freundlich / Steht ein Häuschen in der Mitte / Rund und rührend zum Verlieben / ›Karusel‹ steht angeschrieben. / Dieses Häuschen zählt zu Vitte.« So bedichtete Joachim Ringelnatz das kleine Ferienhaus von Asta Nielsen auf der mecklenburgischen Ostseeinsel Hiddensee. Max Taut, ein Vertreter moderner Architektur, hatte es 1922 für einen kaufmännischen Direktor geschaffen. Tauts Bruder Bruno, mit dem er in Berlin ein Baubüro betrieb, hatte die Innenräume in Blau- und Rottönen gestaltet – ein Farbkonzept, das bei der Sanierung 2015 wiederhergestellt wurde.

Nielsen kaufte das »Karusel« 1928. In Gesellschaft ihres Freundes Ringelnatz, des Schauspielers Heinrich George und des Dramatikers Gerhart Hauptmann, der ebenfalls einen Wohnsitz auf Hiddensee besaß, verbrachte sie hier neun Sommer – eine unbeschwerte Zeit, die 1936 endete, als Nielsen aus Aversion gegen die Nazis in ihre Heimat Dänemark zurückkehrte.

24 Jahre zuvor hatte ihre Karriere in Deutschland begonnen, wo Nielsen, die heute etwas vergessen ist, der erste große Stummfilmstar wurde. Trotz der ärmlichen Verhältnisse ihres Elternhauses hatte sie es ans Theater in Kopenhagen geschafft, die großen Rollen jedoch waren ausgeblieben. Stattdessen wurde ihr Film »Afgrunden« (»Abgründe«, 1910), den sie mit dem jungen Autor und Regisseur Urban Gad gedreht

Hiddensee-Vitte (Mecklenburg-Vorpommern), Zum Seglerhafen 7, Asta-Nielsen-Haus: Sie liebte Hiddensee und ihr Ferienhäuschen, eines der originellsten Gebäude auf der Ostseeinsel. Im Erdgeschoss erinnert eine Ausstellung an Asta Nielsen sowie an Max Taut, den Architekten des Hauses. Die obere Etage steht für Trauungen zur Verfügung.

In den 1930er Jahren beim Segeln vor Hiddensee (Asta Nielsen, 2. von rechts, neben ihr der Dichter und Kabarettist Joachim Ringelnatz)

hatte, überraschend ein Welterfolg. Eine deutsche Filmgesellschaft engagierte beide, sie heirateten und ließen sich in Berlin nieder. Bis zur Scheidung 1918 entstanden hier unter Gads Leitung mehr als dreißig auf Nielsen zugeschnittene Stummfilme, darunter Dramen und Komödien wie »Die Kinder des Generals« und »Engelein«.

In den 1920er Jahren brachten Nielsen, die »ergreifend alle Nuancen des Seelenlebens zu malen« verstand, wie eine Kinobesucherin schrieb, vor allem Literaturverfilmungen Renommee: u. a. Ernst Lubitschs »Rausch« nach einem Stück von August Strindberg und Franz Ecksteins »Hedda Gabler« nach Henrik Ibsen. Zu ihren bedeutenden späten Rollen zählt das Straßenmädchen Marie Lechner in »Die freudlose Gasse« unter der Regie von Georg Wilhelm Pabst. »Unmögliche Liebe« (1932) war ihr einziger Tonfilm – und ihr letzter Film. Danach spielte sie ausschließlich Theaterrollen.

Nielsen, die schon in ihrer Anfangszeit um die 40.000 Mark Jahresgage verdiente, residierte pompös in der Bundesallee 203 im Stadtteil Wilmersdorf (damals Kaiserallee; nicht erhalten) und ab 1931 in Berlin-Charlottenburg, Fasanenstraße 69. In ihrer 14-Zimmer-Wohnung in der Beletage, in der sich heute eine Pension befindet, lebte sie mit ihrer unehelichen Tochter Jesta (1901–1964), Ehemann Nummer zwei Kapitän Freddy Wingaardh, und später mit ihrem Filmpartner Grigori Chmara.

Die »große wahre Liebe«, so Nielsen, fand sie erst in Dänemark in dem Kunsthändler Christian Theede, den sie 88-jährig heiratete.

EMMY NOETHER
Mathematikerin

1882 Erlangen –
1935 Bryn Mawr, Pennsylvania/USA

Heute nahezu vergessen:
Emmy Noether (Fotografie vor 1910)

»Die Mathematik ist zu abstrakt, zu tiefsinnig und zu beschwerlich für ein Frauenzimmer. Ewig schade würde es um ein liebreizendes Gesicht sein, wenn es unter der Berechnung eines Kegelschnitts verfinstert und grimmig gemacht werden sollte. Die Mathematik schickt sich nur für männlichere, stärkere und ernsthaftere Köpfe [...].« Das war mehrheitlich die Meinung ihrer männlichen Zeitgenossen, als Emmy Noether 1882 geboren wurde. Jahrzehnte später galt sie, nach den Worten des russischen Mathematikers Paul Alexandroff, als »die berühmteste Mathematikerin, die jemals gelebt hat«, stieß in ihrer beruflichen Laufbahn aber wiederholt auf Vorurteile und Widerstände ihrer Fachkollegen – weil sie eine Frau war.

Noether stammte aus einer angesehenen jüdischen Familie. Sie wuchs im fränkischen Erlangen auf (Elternhaus Hauptstraße 23), wo ihr Vater Max an der Universität Mathematik lehrte. Ihre Ausbildung verlief zunächst ganz nach dem Muster gutbürgerlicher Mädchen ihrer Zeit. Sie besuchte die Städtische Töchterschule und wurde Lehrerin für Englisch und Französisch – ein Beruf, in dem sie jedoch keine Zukunft für sich sah. Statt zu unterrichten, machte sie in Nürnberg Abitur und be-

Göttingen (Niedersachsen), Friedländer Weg 57: In der Villa aus dem Jahr 1900 (links) lebte die Göttinger Mathematikprofessorin Emmy Noether zehn Jahre lang, bis ihr 1932 gekündigt wurde, weil man nicht mehr mit einer Jüdin unter einem Dach leben wollte.

1933 im Kreis von Kollegen und Schülern (Noether im Vordergrund Mitte)

gann in ihrer Heimatstadt 1904 ein Mathematikstudium – wie die Münchnerin
→ Katia Mann als eine der ersten Studentinnen in Bayern, denn erst im Jahr zuvor
hatten Frauen dort Zugang zu Universitäten erhalten. Noether promovierte, machte
mit Veröffentlichungen, insbesondere zur Algebra, auf sich aufmerksam und lehrte
ab 1915 an der Universität Göttingen, wo sie erneut auf Hindernisse traf, denn ihre
Zulassung zur Habilitation wurde jahrelang verschleppt – wegen des Widerstands
ihrer Kollegen. »Ich halte das weibliche Gehirn für ungeeignet zur mathematischen
Produktion«, schrieb der Mathematiker Edmund Landau, hielt »Frl. Noether« allerdings »für eine der seltenen Ausnahmen«. Dass sie sich vier Jahre nach Beginn ihrer
Universitätslaufbahn als erste Frau an der Göttinger Universität schließlich doch
noch habilitieren konnte, verdankte sie der Fürsprache von Albert Einstein.

Noether, nicht nur eine hochqualifizierte Wissenschaftlerin, sondern auch eine
charismatische Hochschullehrerin, die ihre Studenten faszinierte und ermutigte,
wurde erst seit 1922 als außerordentliche Professorin – ohne Bezahlung – beschäftigt.
Ab 1923 erhielt sie ein Gehalt, das jedoch weit unter dem Verdienst ihrer männlichen
Kollegen lag.

Mit Beginn der NS-Zeit endete ihre berufliche Karriere in Deutschland schlagartig. Als Jüdin erhielt Noether Lehrverbot. Aus ihrer langjährigen Göttinger Wohnung
in der Villa Friedländer Weg 57 wurde sie vertrieben, ihr letztes Jahr in Deutschland
verbrachte sie im Wohnblock Stegemühlenweg 51. 1934 emigrierte sie nach Bryn
Mawr in Pennsylvania/USA, wo sie wieder lehren konnte, starb aber bereits im Jahr
darauf nach einer Operation, im Alter von nur 53 Jahren.

GRET PALUCCA
Tänzerin, Tanzpädagogin, Choreografin

1902 München – 1993 Dresden

In ihrem Dresdner Haus, 1986

Eine Generation vor der Wuppertaler Tänzerin und Choreografin Pina Bausch war sie die unbestrittene Größe des modernen Tanzes, der sich radikal vom tradierten Ballett gelöst hatte.

Gret Palucca, eigentlich Margarethe Paluka, war eine Münchner Apothekerstochter, wuchs aber – nach kurzem Aufenthalt in San Francisco – mit Mutter, Bruder und dem späteren Stiefvater in Dresden und im sächsischen Plauen auf, während der Vater in den USA blieb. Sie wurde auf Schulen für »Mädchen höherer Stände« geschickt, nahm aber schon mit zehn Ballettunterricht und brachte es bis zur Ballettelevin am damaligen Hof- und Nationaltheater in München.

Entscheidend für ihre weitere Karriere war die Begegnung mit der prominenten »Ausdruckstänzerin« Mary Wigman, deren Dresdner Tanzinstitut in der Bautzner Straße 107 sie von 1920 bis 1923 besuchte. Palucca wurde ihre größte Konkurrentin, als sie 1925 ihre eigene Schule für neuen künstlerischen Tanz (mit späteren Filialen in Berlin und Stuttgart) eröffnete. In Dresden unterrichtete sie u. a. in ihrer Wohnung im 1945 zerstörten Haus Bürgerwiese 25, wo sie mit ihrem Mann, dem Industriellen Fritz Bienert, zusammenlebte. Durch seine Familie – er und seine Mutter Ida waren engagierte Kunstsammler – kam sie mit der damaligen Künstleravantgarde wie den Bauhaus-Malern Wassily Kandinsky und Paul Klee zusammen. Die Einheirat in eine der reichsten Familien Dresdens nützte sicher auch ihrer Tanz-Karriere.

Dresden-Strehlen, Wiener Straße 110: 47 Jahre lang, von 1946 bis zu ihrem Tod, lebte Palucca hier.

»Sprung«, um 1940. Paluccas Soloauftritte lösten Begeisterungsstürme aus.

Zu Paluccas bekanntesten Tänzen zählen die »Serenata« nach der Musik von Isaac Albéniz, der »Rosenkavalier-Walzer« von Richard Strauss und ihre Interpretation von Beethovens »Mondscheinsonate«. Immer wieder improvisierte sie auch, zum Teil nach Wünschen des Publikums. »Ich bin oft überrascht über die Deutungen, die man meinen Tänzen gibt«, sagte sie dazu, »ich selber gebe ihnen keine, sie sind für mich nichts als Tanz.«

Die Nazi-Zeit brachte ihr große Schwierigkeiten, auch wenn sie nicht unmittelbar verfolgt wurde. Zunächst als »deutscheste Tänzerin« geschätzt, durfte sie als »Halbjüdin« mit »Sondergenehmigung« später nur noch eingeschränkt auftreten. Ihre Schule wurde 1939 geschlossen.

Nach dem Zweiten Weltkrieg unterrichtete Palucca wieder, zunächst in einer alten Villa in der Dresdner Karcherallee 43, ab 1955 im Neubau am Basteiplatz, wo die seit langem verstaatlichte Tanzschule bis heute existiert. Trotz wiederholter Differenzen mit DDR-Kulturpolitikern blieb sie dort bis ins hohe Alter von 88 Jahren künstlerische Leiterin.

Über ihr Privatleben weiß man nur wenig: Von Bienert 1931 geschieden, lebte sie in ihrem Dresdner Haus später über zwanzig Jahre mit der Kinderärztin Marianne Zwingenberger (gest. 1967) zusammen.

Paluccas Grab befindet sich auf der Ostseeinsel Hiddensee, wo sie, wie vor ihr auch die Schauspielerin → Asta Nielsen, ein Sommerhaus besaß. Trotz heftiger Proteste wurde es 2009 abgerissen.

BRIGITTE REIMANN
Schriftstellerin

1933 Burg/Sachsen-Anhalt – 1973 Berlin/DDR

Als junge Autorin

»Schreiben muss ich, unbedingt schreiben. Ich bin ja bis zum Kopfzerspringen mit Ideen gefüllt.« Brigitte Reimann war die große Hoffnung des DDR-Literaturbetriebs, der in ihr die Verkörperung der jungen sozialistischen Schriftstellerin sah – ein Ideal, das getrübt wurde, als sie sich, wie viele ihrer Kolleginnen und Kollegen, nicht mit dem starren Dogmatismus der DDR abfinden wollte.

Bis auf drei gescheiterte Ehen verlief ihr kurzes Leben äußerlich unspektakulär. Es zog sie nicht in große Städte. Aus dem kleinen Ort Burg bei Magdeburg stammend, lebte sie später in Hoyerswerda in der sächsischen Lausitz und zuletzt in Neubrandenburg in Mecklenburg-Vorpommern. Sie machte allerdings einige interessante Reisen. Mit → Christa Wolf fuhr sie 1963 auf Einladung des sowjetischen Schriftstellerverbands nach Moskau, und mit einer Delegation der FDJ (Freie Deutsche Jugend) 1965 nach Sibirien, über die sie ihre Reportage »Das grüne Licht der Steppen – Tagebuch einer Sibirienreise« schrieb.

In Burg war Reimann mit drei jüngeren Geschwistern als Tochter eines Bankangestellten aufgewachsen. Von ihrem Geburtshaus in der Bahnhofstraße 5 (2017 abgerissen) war die Familie 1934 in die Neuendorfer Straße 2 umgezogen. Reimann wurde Grundschullehrerin und heiratete den Maschinenschlosser Günter Domnik. Die Ehe hielt nur fünf Jahre.

Burg (Sachsen-Anhalt), Neuendorfer Straße 2:
Ihr Elternhaus

Manuskriptblatt aus ihrem 600-seitigen, unvollendeten Roman »Franziska Linkerhand«, dessen Erfolg sie nicht mehr erlebte

Mit ihrem zweiten Mann, dem Schriftsteller Siegfried Pitschmann, ging sie 1960 nach Hoyerswerda, das damals als vorbildliche DDR-Industriestadt ausgebaut wurde. Als »Vorzeigeautorin« lebte sie im Plattenbau in der Neustadt, Liselotte-Herrmann-Straße 20, und arbeitete einen Tag pro Woche als Hilfsschlosserin im VEB Braunkohle-Gaskombinat »Schwarze Pumpe«, eine Erfahrung, die in ihre Erzählung »Ankunft im Alltag« einfloss. Gemäß der 1. Bitterfelder Konferenz 1959, nach der Künstler Arbeitern und Bauern Kultur nahebringen sollten, leitete sie mit Pitschmann einen Kreis schreibender Arbeiter und ein Arbeitertheater. Unter dem fiktiven Namen »Neustadt« wurde Hoyerswerda Schauplatz ihres berühmten Romans »Franziska Linkerhand«, an dem sie zehn Jahre schrieb – eine »genaue Darstellung der gesellschaftlichen Widersprüche des realen Sozialismus, ein Staatsroman« (Killy-Literaturlexikon), wobei die Romanheldin Reimann selbst ist.

Mit Ehemann Nummer drei Jon K [!] lebte sie ab November 1968 in Neubrandenburg. Sie war bereits an Brustkrebs erkrankt und sehnte sich nach Ruhe. »Ich wünschte wirklich«, schrieb sie an Christa Wolf, »ich wäre endlich mal zu Hause.« An der Stelle ihres Wohnhauses in der Gartenstraße 6 (Erdgeschosswohnung), das bei der Sanierung eingestürzt war, steht heute das Brigitte-Reimann-Literaturhaus.

Begleitet von ihrem vierten Mann, dem Arzt Rudolf Burgartz, und bis zuletzt an ihrem großen Roman schreibend, starb sie am 20. Februar 1973 – erst 39 Jahre alt. Mit ihren Eltern ist sie in Oranienbaum (Sachsen-Anhalt) bestattet.

FRANZISKA GRÄFIN ZU REVENTLOW
Schriftstellerin, Malerin

1871 Husum/Schleswig-Holstein – 1918 Muralto/Schweiz

Auch als alleinerziehende Mutter gehörte sie zu den ungewöhnlichsten Frauen ihrer Zeit. Das Foto zeigt sie mit ihrem Sohn Rolf im Jahr 1905.

»Die kleinste Fessel drückt mich unerträglich.« Ein ausgeprägter Drang nach Freiheit prägte das Leben von Franziska Gräfin zu Reventlow und führte zu einem denkbar großen Widerspruch zwischen Herkunft und Lebensstil: Von der adligen Tochter aus der nordfriesischen Provinz zur Bohemienne und »Schwabinger Skandalgräfin« in der Kulturmetropole München.

Fanny Liane Wilhelmine Sophie Adrienne Auguste Comtesse zu Reventlow wuchs als viertes von fünf Kindern auf dem Husumer Schloss im heutigen Schleswig-Holstein auf, dem Amtssitz ihres Vaters, des preußischen Landrats Graf Ludwig zu Reventlow. Sie war ein unangepasstes rebellisches Kind. Vor allem das Unverständnis ihrer Mutter Emilie, geb. Reichsgräfin zu Rantzau, die die Bilder ihrer Tochter als »altes Geschmier« abtat, führte zu früher Flucht aus dem Elternhaus.

Sie besuchte ein Lehrerinnenseminar in Lübeck und kam, unterstützt durch ihren Verlobten, den Juristen Walter Lübke, 1893 nach München, um Malerei zu studieren – an einer Privatschule, denn der Besuch einer Kunstakademie war Frauen damals noch nicht erlaubt. Nach einer kurzen Ehe mit Lübke, die 1896 wegen fortgesetzten Ehebruchs Franziskas geschieden wurde, ließ sie sich dauerhaft hier nieder. Sie wurde zu

Husum (Schleswig-Holstein), König-Friedrich V.-Allee, »Schloss vor Husum«: Herzog Adolf von Schleswig-Holstein-Gottorf ließ es zwischen 1577 und 1582 im Stil der niederländischen Renaissance errichten. Später wurde es Sitz des Amtsgerichts, an dem, außer Reventlows Vater, auch der Schriftsteller Theodor Storm tätig war. Der Rittersaal und andere historische Räume können besichtigt werden.

Erstausgabe ihres satirischen Romans über die Münchner Boheme, 1913 (Umschlagzeichnung von Alphons Woelfle)

einer zentralen Figur der legendären Schwabinger Boheme und dem Dichterkreis um Stefan George und Karl Wolfskehl, der zu ihren zahlreichen Liebhabern gehörte. Als alleinerziehende Mutter sorgte sie für ihren Sohn Rolf (1897–1981), dessen Vater sie zeitlebens verschwieg.

Da sie in der Kunst keinen Erfolg hatte, versuchte sie mit Übersetzungen französischer Literatur, aber auch als Inhaberin eines Milchgeschäfts, als Glasmalerin, Schauspielerin und Sängerin ihren Lebensunterhalt zu verdienen, hatte aber fast nie Geld. Weil sie die Miete nicht bezahlen konnte oder ihr freies erotisches Leben missfiel, wurde ihr oft gekündigt. In München hatte sie mehr als zwei Dutzend verschiedene Adressen, darunter eine Wohnung in der Helmtrudenstraße 5 im Stadtteil Schwabing. Mit dem Maler Bohdan von Suchocki und dem Schriftsteller Franz Hessel gründete sie in der Schwabinger Kaulbachstraße sogar eine Wohngemeinschaft. Ihr Leben, so sagte sie selbst, bestand »aus fortwährendem Ein- und Auspacken« – bis sie 1910 ins schweizerische Tessin übersiedelte, wo ihr eine Scheinehe mit dem baltischen Baron Alexander von Rechenberg-Linten aus ihrer Geldmisere helfen sollte. Erst 47-jährig, starb sie dort acht Jahre später bei einer Operation.

Reventlow, die eine »schreibende Frau« »schrecklich« fand, war in späteren Jahren vor allem Schriftstellerin. Ihre zumeist autobiografischen Texte sind nicht nur Zeugnis ihres interessanten Lebens, sondern durch ihre witzig-ironische Sprache bis heute unterhaltsam zu lesen. Am bekanntesten ist »Herrn Dames Aufzeichnungen oder Begebenheiten aus einem merkwürdigen Stadtteil«, eine gelungene Parodie der Schwabinger Boheme.

LENI RIEFENSTAHL
Filmregisseurin, Schauspielerin, Tänzerin, Fotografin

1902 Berlin – 2003 Pöcking/Bayern

In dem Bergfilmdrama »Die weiße Hölle vom Piz Palü«, 1929

Tänzerin, Schauspielerin, Filmregisseurin und Fotografin – in all ihren Berufen war Leni Riefenstahl erfolgreich. Wegen ihrer Nähe zum NS-Regime, das ihr als einer der wenigen Frauen eine große berufliche Karriere ermöglicht hatte, blieb sie jedoch immer umstritten.

Geboren wurde sie im Berliner Arbeiterbezirk Wedding. Mit dem sozialen Aufstieg des Vaters – er hatte eine gutgehende Firma für Heizungsinstallationen – verbesserten sich die Adressen. Die Familie, zu der auch der jüngere Bruder Heinz gehörte, lebte später weit außerhalb der städtischen Zentren auf der idyllischen Halbinsel Rauchfangswerder.

Wie → Gret Palucca machte Riefenstahl zunächst eine Tanzausbildung bei Mary Wigman und begann eine vielversprechende Laufbahn als Solotänzerin, die sie wegen einer Knieverletzung jedoch bald aufgeben musste. Mit Louis Trenker als Partner spielte sie anschließend in damals beliebten Bergfilmen, brachte aber schon 1932 ihren ersten eigenen Film »Das blaue Licht« heraus, in dem sie neben der Hauptrolle auch Regie, Schnitt und Drehbuch übernommen hatte. Zu den begeisterten Zuschauern gehörte Hitler, der ihr bald die Regie offizieller NS-Propagandafilme übertrug. Zwei von ihnen begründeten Riefenstahls Weltruhm: »Triumph des Willens«, eine pathetisch

Berlin-Schmargendorf, Heydenstraße 30: Hans Ostler und Ernst Petersen, der auch Darsteller in ihren Bergfilmen war, erbauten Riefenstahls Landhaus 1935/36.

Hitlers Filmregisseurin: Leni Riefenstahl bei den Dreharbeiten zu »Olympia« im August 1936.

inszenierte Aufzeichnung des Nürnberger NSDAP-Parteitags im Jahr 1934 und ihre Dokumentation der Berliner Olympiade 1936, für die sie auch im Ausland hervorragende Kritiken und Preise erhielt. Die raffinierte Schnitttechnik und die effektvollen Aufnahmen durchtrainierter, im Stil antiker Heroen dargestellter Sportler beeindrucken auch heutige Zuschauer.

Ihr Berliner Haus im damals modernen »Alpenstil« leistete sich Riefenstahl von ihren hohen Gagen, es kursierte jedoch das Gerücht, Hitler habe es ihr geschenkt. 1938 brachte die Zeitschrift »Das schöne Heim« einen Beitrag über das elegante Anwesen mit großzügigen Privaträumen im ersten Stock, einem Trakt für Gäste und Personal und einer Wohnhalle im Erdgeschoss, in der Filme vorgeführt werden konnten. Sie lebte hier allein. Nur drei Jahre, von 1944 bis 1947, war sie mit dem Offizier Peter Jacob verheiratet.

Nach 1945 wurde Riefenstahl, die jetzt in München lebte, wegen ihrer Verbindung zur Nazielite angeklagt. Sie beteuerte aber lebenslang, als »unpolitische Künstlerin« von den Verbrechen des NS-Regimes nichts gewusst zu haben. »Es gelang ihr [...]«, resümierte die Psychoanalytikerin Margarete Mitscherlich, »ohne Ahnung von dem zu bleiben, wovon sie keine Ahnung haben wollte.«

Später erlebte Hitlers Filmregisseurin, zu deren »Fans« Andy Warhol und David Bowie gehörten, ein Comeback. Mit ihrem Lebensgefährten, dem mehr als 40 Jahre jüngeren Kameramann Horst Kettner, filmte und fotografierte sie den afrikanischen Nuba-Stamm und tropische Unterwasserwelten, wofür sie mit 71 Jahren noch Tauchen lernte. 101-jährig starb sie in ihrer Villa im bayerischen Pöcking.

GRETE SCHICKEDANZ, geb. Lachner
Unternehmerin

1911 Fürth/Bayern – 1994 Fürth/Bayern

Deutschlands berühmteste Unternehmerin der Nachkriegszeit

Der Quelle-Versand war ihr Leben. Als ihr Mann Gustav im März 1977 starb, übernahm Grete Schickedanz die Leitung des Konzerns, die sie erst 1993, im Alter von 81 Jahren, endgültig wieder aus der Hand gab. Die Insolvenz und anschließende Fusion mit Karstadt im Jahr 1999 musste sie nicht mehr erleben.

Gemeinsam mit ihrem Mann hatte sie »Quelle« nach dem Zweiten Weltkrieg wieder aufgebaut. Neben den Konkurrenten Neckermann in Frankfurt am Main und dem Hamburger Otto-Versand gehörte ihr im fränkischen Fürth ansässiges Unternehmen zu Deutschlands großen Versandhäusern. Die dicken, bunten Quelle-Kataloge, mit günstigen Angeboten vom Unterhemd bis zur Waschmaschine, waren über viele Jahrzehnte in Millionen deutscher Haushalte zu finden.

Gustav Schickedanz, sechzehn Jahre älter als sie, hatte das Unternehmen in den 1920er Jahren gegründet – ursprünglich eine Großhandlung für Kurz-, Weiß- und Wollwaren, die bald auch Kleidung, Messer und Uhren zu hart kalkulierten Preisen vertrieb. Hier hatte die sechzehnjährige Grete Lachner eine kaufmännische Ausbildung begonnen und die Expansion der Firma miterlebt, die 1934 eine Viertelmillion Kunden und, bei einem Umsatz von jährlich vierzig Millionen Reichsmark, 1938 bereits zwei Millionen Kunden hatte.

Fürth (Bayern), Merkurstraße 41: Im Stadtteil Dambach, inmitten eines Neubaugebiets, liegt die ehemalige Schickedanz-Villa, die 1908/09 errichtet und 2010/11 vollständig umgebaut wurde. Grete Schickedanz lebte hier seit ihrer Hochzeit im Jahr 1942. Inzwischen ist die Villa Sitz der privaten Wilhelm-Löhe-Hochschule für angewandte Wissenschaften.

Die Frau, die den Quelle-Versand in der »Wirtschaftswunder-Zeit« der 1950er Jahre erfolgreich machte. Grete Schickedanz bei der Stoffauswahl für eine neue Quelle-Kollektion.

Als Buchhalterin und Einkäuferin wurde sie die engste Mitarbeiterin von Gustav Schickedanz – nicht ahnend, dass sie ihren Chef 1942 heiraten würde, dessen erste Frau bei einem Autounfall ums Leben gekommen war.

Zeitweise sorgte Grete Schickedanz für den Unterhalt der Familie, zu der ihre einzige, 1943 geborene Tochter Madeleine gehörte. Während ihr Mann nach Kriegsende Berufsverbot hatte, betrieb sie im nahe gelegenen Hersbruck ein Bekleidungsgeschäft, bis ihnen der gemeinsame berufliche Neubeginn gelang und der Versandhandel wieder in Gang kam. 1949 eröffnete in der Fürther Innenstadt auch das erste Quelle-Kaufhaus.

Grete Schickedanz war jetzt für Marketing, Werbung und Soziales verantwortlich. »Zu ihren Leistungen«, schreibt Richard Winkler, »gehörte nicht zuletzt der Aufbau eines als vorbildlich geltenden betrieblichen Sozialwerks sowie eine umfangreiche Spendentätigkeit für karitative und kulturelle Zwecke.« Als Chefeinkäuferin für Mode prägte sie den Look der deutschen Durchschnittsfamilie. Dabei kam ihr sicher zugute, dass sie als Tochter eines Flaschnergehilfen aus der Fürther Flößstraße selbst aus einfachen Verhältnissen stammte. Die bescheidene Herkunft teilte sie mit ihrem Mann, der als Sohn eines Werkmeisters und eines ehemaligen Dienstmädchens aus dem Fürther Kleinbürgermilieu kam.

Ihren gesellschaftlichen Aufstieg vom jungen Lehrmädchen zu einer der vermögendsten deutschen Unternehmerinnen und angesehenen Bürgerin ihrer Heimatstadt Fürth demonstriert u. a. die einstige Schickedanz-Villa im Stadtteil Dambach, in der sich nach aufwendigem Umbau heute eine Privathochschule befindet.

CHARLOTTE VON SCHILLER
geb. von Lengefeld
Ehefrau von Friedrich von Schiller, Übersetzerin, Autorin

1766 Rudolstadt/Thüringen – 1826 Bonn

Charlotte von Schiller
(Kopie von Bertha Froriep nach Ludowika Simanowitz)

Drei Adressen in Thüringen führen zu ihr: das Weimarer Wohnhaus und das Gartenhäuschen in Jena, die sie beide mit ihrer Familie bewohnte, sowie ihr Elternhaus in Rudolstadt. Die Häuser erinnern heute als Schiller-Gedenkstätten jedoch nicht in erster Linie an sie, sondern an ihren berühmten Mann Friedrich von Schiller.

Charlotte von Schiller wurde erst in den letzten Jahren »entdeckt«. Lange galt sie nur als brave Ehefrau, die sich in keiner Weise hervorgetan hat – als ob das Leben an der Seite eines vielbeschäftigten, oft schwer kranken Schriftstellers und die Erziehung von vier Kindern in unsicheren finanziellen Verhältnissen nicht schon eine Leistung an sich gewesen ist.

Wie ihre Patentante → Charlotte von Stein hatte sie ursprünglich Hofdame am Weimarer Hof werden sollen – für Charlotte von Schiller trübe Zukunftsaussichten. Da wäre sie »ganz stumpf geworden, an Geist und Herzen«, schrieb sie selbst, »oder gar gestorben«. Heute weiß man, dass sie hochgebildet und kreativ war. Sie sprach fließend Englisch und Französisch und beherrschte Latein. Sie übersetzte, schrieb Erzählungen (»Autun und Manon«, 1801 anonym publiziert), Gedichte (»Die Phantasie«)

Rudolstadt (Thüringen), Schillerstraße 25, Museum Schillerhaus Rudolstadt: In dem um 1720 entstandenen Wohngebäude wuchsen Charlotte von Schiller und ihre Schwester Caroline bei ihrer Mutter Louise von Lengefeld auf. Die herzliche, geistig aufgeschlossene Atmosphäre des Hauses zog zahlreiche Besucher an. Über dem Dach ist das Barockschloss Heidecksburg erkennbar, auf dem die Mutter Hofmeisterin war.

Charlotte von Schiller zeichnete und aquarellierte mit Talent. Die Darstellung ihrer Hochzeitskirche, die heutige Schillerkirche in Wenigenjena, hängt in ihrem Schlafraum im Jenaer Gartenhaus.

und das Tagebuch »Reise nach der Schweiz«, die sie 1783 mit ihrer Mutter, ihrer drei Jahre älteren Schwester Caroline und deren Verlobten Friedrich von Beulwitz unternommen hatte.

Ihre Kindheit hatte sie im Provinzstädtchen Rudolstadt, zunächst im Heißenhof, Lengefeldstraße 1, einem der Familie von Stein gehörenden Gut verbracht. Als ihr Vater, Oberforstmeister Carl Christoph von Lengefeld, überraschend starb – Charlotte war damals neun Jahre alt –, musste sie mit Mutter und Schwester in ein kleineres Haus in der Innenstadt, das heutige Museum Schillerhaus, umziehen. Es war Schauplatz ihrer ersten Begegnung mit Friedrich von Schiller, den ihr Cousin Wilhelm von Wolzogen Ende 1787 mit ins Haus brachte. Die mögliche Liebe zu dritt zwischen Schiller und beiden Lengefeld-Schwestern, die hier begann, ist legendär und gab Anlass zu zahlreichen Spekulationen in Büchern und Filmen. Schiller hatte sich wohl tatsächlich in beide Frauen verliebt: »[...] derselbe Stern, der nur verschieden wiederscheint aus verschiedenen Spiegeln.« Am Ende war Charlotte doch die Richtige; sie heirateten im Februar 1790. Bis 1799 lebten sie in Jena, wo er an der Universität Geschichte lehrte, zunächst in der Jenergasse 26, der sog. »Schrammei«, anschließend in einer Wohnung Unterm Markt 1 (beide zerstört). 1797 kauften sie das Gartenhaus Schillergäßchen 2, in dem heute auch Charlottes schlichter Salon und ihr Schlafzimmer besichtigt werden können. Seit 1802 wohnte sie im Weimarer Haus, Schillerstraße 12 – nur drei Jahre davon mit ihrem Mann, der schon 1805 im Alter von nur 45 Jahren starb.

Auf dem Alten Friedhof in Bonn, wo sie nach einer Augenoperation einen tödlichen Schlaganfall erlitt, ist sie bestattet.

LOKI SCHMIDT, geb. Glaser
Lehrerin, Naturschützerin, Frau des ehem. Bundeskanzlers Helmut Schmidt

1919 Hamburg – 2010 Hamburg

Am privaten Schreibtisch im Bonner Kanzlerbungalow, 1977

Loki (Hannelore) Schmidt war unverkennbar Hamburgerin: von gelassenem Understatement und doch selbstbewusst. Bis auf die Zeit als First Lady an der Seite von Helmut Schmidt im Bonner Kanzlerbungalow, dem offiziellen Wohnsitz des Bundeskanzlers, blieb ihr Hamburger Haus im Stadtteil Langenhorn ihr Lebenszentrum. Sie und ihr Mann hatten den roten Klinkerbau am Stadtrand 1961 gekauft und nach und nach erweitert. Heute, nach dem Tod beider, ist es unverändert erhalten und gibt einen Einblick in ihr Privatleben: die unprätentiöse Einrichtung, die den Rahmen für inoffizielle Gespräche mit Politikern aus aller Welt bildete, das Schachspiel, an dem sie mit ihrem Mann zahlreiche Partien austrug, oder die Kunstsammlung mit überwiegend norddeutschen Malern wie Nolde, Barlach und → Paula Modersohn-Becker – ein Wohlstand, der für Loki Schmidt ganz und gar nicht selbstverständlich war.

Sie war mit drei Geschwistern in den Stadtteilen Hammerbrook, Hohenfelde und Horn in sehr bescheidenen Verhältnissen aufgewachsen. Der Vater war Elektriker, die Mutter Schneiderin. Kultur, Kunst und Musik spielten trotz der relativen Armut eine große Rolle in der Familie. Loki Schmidt malte, spielte Geige und besuchte die fortschrittliche Lichtwark-Schule, in der sie als Zehnjährige ihren zukünftigen Mann

Hamburg-Langenhorn, Neubergerweg 80: Bis auf die Bonner Jahre war das Haus der Lebensmittelpunkt von Loki und Helmut Schmidt und ein Ort, an dem »Weltpolitik auf dem Wohnzimmersofa« gemacht wurde. Rechts von Loki sitzen Leonid Breschnew und Willy Brandt, links von ihr Ehemann Helmut (Foto von 1978). Die Schmidts vermachten das Haus ihrer Stiftung, die Archiv und Bibliothek für Wissenschaftler öffnen soll.

Bonn, Adenauerallee 139: Der sogenannte Kanzlerbungalow diente von 1964 bis 1999 als Wohn- und Empfangsgebäude der Bundeskanzler. Die Schmidts lebten hier zwischen 1974 und 1982. Die Stiftung »Haus der Geschichte der Bundesrepublik Deutschland« ermöglicht heute Besichtigungen des vom renommierten Architekten Sep Ruf entworfenen, damals spektakulären Gebäudes.

Helmut kennenlernte, der in die gleiche Klasse ging. Sie heiratete ihn im Sommer 1942, mitten im Zweiten Weltkrieg. 68 Jahre lang, bis zu ihrem Tod im Jahr 2010, war sie an seiner Seite und begleitete seine politische Karriere als SPD-Politiker, Hamburger Senator, Verteidigungs-, Finanzminister und Bundeskanzler. Dabei war sie nie nur Ehefrau. Fast dreißig Jahre lang arbeitete sie als Volks- und Realschullehrerin. Auch nach der Geburt ihrer Tochter Susanne im Jahr 1947 verdiente sie den Familienunterhalt, damit ihr Mann Staatswissenschaften und Volkswirtschaftslehre studieren konnte.

Später wurde Loki Schmidt, die sich ein Botanik-Studium in jungen Jahren nicht hatte leisten können, eine anerkannte Naturforscherin. 1976 gründete sie die Stiftung zum Schutz gefährdeter Pflanzen und nutzte ihre Prominenz, um für die Natur zu werben. Sie initiierte die »Blume des Jahres«, verfasste Bücher (u. a. »Die Botanischen Gärten in Deutschland«, 1997) und bemalte sogar Rosenthal-Porzellanteller mit Pflanzenmotiven. 1985 erwarb ihre Stiftung eine Ackerbrache am Brahmsee (Schleswig-Holstein), wo sie und ihr Mann seit 1958 ein kleines Wochenendhaus besaßen. Das 7,5 Hektar große Gelände wurde sich selbst überlassen, sodass hier inzwischen das ursprüngliche Wachstum der Natur beobachtet und erforscht werden kann. Auf ihren internationalen Expeditionen entdeckte sie in Mexiko die Bromelienart »Pitcairnia Loki-Schmidtiae« sowie am Amazonas den Skorpion »Titys Lokiae«.

Sie starb 91-jährig und wurde im Grab der Familie Schmidt auf dem Parkfriedhof Hamburg-Ohlsdorf bestattet.

SOPHIE SCHOLL
Studentin, NS-Widerstandskämpferin

1921 Forchtenberg/Baden-Württemberg –
1943 München

»Wir sind Euer böses Gewissen!« Das Foto zeigt den Porträtkopf von Sophie Scholl in der Walhalla in Donaustauf bei Regensburg.

»Kommilitonen! Kommilitoninnen! Erschüttert steht unser Volk vor dem Untergang der Männer von Stalingrad. Dreihundertdreißigtausend deutsche Männer hat die geniale Strategie des Weltkriegsgefreiten sinn- und verantwortungslos in Tod und Verderben gehetzt. Führer, wir danken dir! Es gärt im deutschen Volk [...]. Der Tag der Abrechnung ist gekommen [...]«, heißt es im sechsten und letzten Flugblatt, das Sophie Scholl mit ihrem Bruder Hans am 18. Februar 1943 in der Münchner Ludwig-Maximilians-Universität verteilte, um zum Sturz der Hitler-Diktatur aufzurufen. Sophie Scholl ist heute die prominenteste Figur der »Weißen Rose«, einer losen studentischen Widerstandsgruppe, die mit Flugblättern, Wandparolen, Briefaufrufen und anderen gefährlichen Aktionen gegen das verbrecherische Nazi-Regime kämpfte. Dass sie dafür mit nur 22 Jahren sterben musste, machte sie zur Legende.

Wie ihre ältere Schwester Inge Aicher-Scholl später berichtete, hatten ihre Geschwister die leeren Gänge während der vormittäglichen Vorlesungen genutzt, um die Flugblätter auszulegen. Die restlichen Exemplare, die sie rasch über die Balustrade des großen Lichthofs warfen, wurden ihnen zum Verhängnis: Der Hausmeister hatte sie beobachtet und ließ sie verhaften.

München-Schwabing, Franz-Joseph-Straße 13: Im Gartenhaus hatte Sophie Scholl mit ihrem Bruder Hans seit dem 1. Dezember 1942 eine Zweizimmerwohnung.

Im Hauptgebäude der Münchner Universität erinnert die Denkstätte [!] »Weiße Rose« an die NS-Widerstandsgruppe von Sophie und Hans Scholl. Hier ein Blick in den Lichthof, in dem die Geschwister beim Verteilen von Flugblättern entdeckt und verhaftet wurden.

Nur vier Tage später, am 22. Februar, wurde Sophie Scholl mit ihrem Bruder von dem eigens aus Berlin angereisten Präsidenten des NS-Volksgerichtshofs Roland Freisler zum Tode verurteilt und am selben Tag im Münchner Gefängnis Stadelheim guillotiniert. Auf dem Friedhof am Perlacher Forst wurden sie bestattet. Vergeblich hatten die verzweifelten Eltern und Sophies Freund, der junge Berufsoffizier Fritz Hartnagel, Gnadengesuche eingereicht.

Als Schülerin anfangs vom Gemeinschaftsgefühl der Hitler-Jugend fasziniert – Sophie Scholl leitete als »Scharführerin« sogar eine »Jungmädel-Gruppe« –, war sie bald auf Distanz zum Regime gegangen. Nach dem Abitur 1940 hatte sie eine Ausbildung zur Kindergärtnerin absolviert, um dem Arbeitsdienst zu entgehen, und war im Mai 1942 nach München gekommen, um Biologie und Philosophie zu studieren. Mit Hans, der hier bereits Medizin studierte, hatte sie die Wohnung im Gartenhaus der Schwabinger Franz-Joseph-Straße 13 bezogen.

Sie ist nicht die einige Adresse, die heute an Sophie Scholl erinnert. Mit Hans und drei weiteren Geschwistern war sie zunächst im baden-württembergischen Örtchen Forchtenberg, wo ihr Vater Bürgermeister war, aufgewachsen (Wohnung in der ersten Etage des Rathauses). Ab 1930 lebte sie in Ludwigsburg bei Stuttgart (Schillerplatz 7) und ab 1932 schließlich in Ulm, wo sie in der Olgastraße 39 und danach am Münsterplatz 33 (nicht erhalten) wohnte. Christlicher Glaube, freier Gedankenaustausch und enger Zusammenhalt hatten in ihrer Familie immer eine große Rolle gespielt. Das gab Sophie Scholl die Kraft, ihr Todesurteil mit der Würde hinzunehmen, die bis heute tief beeindruckt.

CLARA SCHUMANN, geb. Wieck
Pianistin, Komponistin

1819 Leipzig – 1896 Frankfurt am Main

Die gefeierte Pianistin auf einer Lithografie von Andreas Staub, 1838

Ihre Tourneen führten Clara Schumann durch ganz Europa, ihr privates Leben von Leipzig über Dresden, Berlin, Düsseldorf und Baden-Baden schließlich nach Frankfurt am Main.

Sie wuchs als Tochter des Musikpädagogen Friedrich Wieck in der Leipziger Altstadt auf. Ihre Kindheitsadressen, das Geburtshaus »Hohe Lilie« am Neumarkt (heute dort Karstadt) sowie die späteren Wohnungen in der Grimmaischen Straße 36 (»Selliers Hof«) und in der Nikolaistraße 555 sind heute verschwunden. Von klein auf bildete ihr ehrgeiziger Vater sie zur Konzertpianistin aus, bereits mit fünf Jahren erhielt sie Klavierunterricht, mit elf debütierte sie im Leipziger Gewandhaus.

In Leipzig verbrachte sie auch ihre ersten Ehejahre mit Robert Schumann, den sie bereits als Achtjährige als Klavierschüler ihres Vaters kennengelernt und am 12. September 1840 in der Gedächtniskirche Leipzig-Schönefeld geheiratet hatte – mit einer gerichtlich erwirkten Erlaubnis, denn ihr Vater hatte seine Zustimmung verweigert.

In der ersten Etage des spätklassizistischen Hauses Inselstraße 18, dem heutigen Museum Schumannhaus, verbrachten sie ihre wohl glücklichste gemeinsame Zeit, die durch Robert Schumanns schwere Nervenkrankheit wenige Jahre später tragisch endete. Hier wurden Marie und Elise, die ältesten ihrer insgesamt acht Kinder, geboren.

Leipzig-Zentrum, Inselstraße 18, Museum Schumannhaus: Clara und Robert Schumann bewohnten die erste Etage des 1838 bis 1840 von Friedrich August Scheidel erbauten Hauses.

Vierzig Jahre nach ihrem Mann Robert wurde Clara Schumann im gemeinsamen Grab auf dem Alten Friedhof in Bonn beigesetzt. Auf dem 1880 eingeweihten Grabdenkmal blickt sie als Muse zu seinem Porträtrelief auf.

Es wurde gemeinsam musiziert und komponiert, darunter die »Zwölf Lieder nach Friedrich Rückerts ›Liebesfrühling‹« (op. 37). Allerdings blieb die Familie weiter auf Claras Konzerteinnahmen angewiesen, da sich ihr Mann als Komponist noch nicht etabliert hatte.

1844 gingen sie nach Dresden, wo sie nur schwer Fuß fassen konnten (Wohnung Waisenhausstraße 7, nicht erhalten) und 1850 nach Düsseldorf, wo er Musikdirektor wurde. Das Haus Bilker Straße 15, die heutige Düsseldorfer Schumann-Gedenkstätte, wo sie 1852 zwei Etagen gemietet hatten, war ihre letzte gemeinsame Wohnung. Anfang März 1854 wurde Robert Schumann mit der Diagnose »Melancholie mit Wahn« in die Nervenheilanstalt Endenich (heute Stadtteil von Bonn) eingeliefert. Clara war auf sich gestellt, ihren Mann sah sie erst am 27. Juli 1856 wieder, zwei Tage vor seinem Tod.

Um für sich und ihre Kinder sorgen zu können, setzte sie ihre Konzertreisen fort – mit 72 trat sie das letzte Mal auf. »Es ist unglaublich schwer«, sagte sie, »mit zerrissenem Herzen vor das Publikum zu treten.« Sie lebte zeitweise in Berlin; von 1863 bis 1870 bewohnte sie das inzwischen baulich veränderte Haus in der Lichtentaler Hauptstraße 8 in Baden-Baden.

1878 bezog sie ihre letzte Adresse: das spätklassizistische Haus Myliusstraße 32 in Frankfurt am Main, wo sie an Dr. Hoch's Konservatorium Klavier lehrte. Mit dem jungen Komponisten Johannes Brahms, zu dem ihr häufig eine Liebesbeziehung angedichtet wird, gab sie die Werke Robert Schumanns heraus. Ihre eigenen Kompositionen werden erst heutzutage gewürdigt.

ANNA SEGHERS
geb. Reiling, verh. Radványi
Schriftstellerin

1900 Mainz – 1983 Berlin/DDR

Zu Hause in Berlin-Adlershof, um 1978

Wie u. a. auch → Helene Weigel hatte sich Anna Seghers (eigentlich Netty Reiling), überzeugte Kommunistin und bedeutende antifaschistische Schriftstellerin, bei ihrer Rückkehr aus dem mexikanischen Exil nach Ende des Zweiten Weltkriegs für den Ostteil Berlins entschieden, der 1949 Hauptstadt der neu gegründeten DDR wurde.

Trotz ihrer Privilegien als prominente Präsidentin des DDR-Schriftstellerverbands lebte sie mit ihrem Mann fast dreißig Jahre lang am Stadtrand im Industriebezirk Adlershof in einer vergleichsweise bescheidenen Wohnung. Heute als Gedenkstätte zugänglich, sieht sie aus wie zu Seghers Lebzeiten: Das Arbeitszimmer mit der simplen Schreibtischplatte und die schlichte Sofaecke, in der sie sich mit Gästen aus aller Welt unterhielt, ihre ca. 10 000 Bücher, ein nach ihren Entwürfen gebauter Kachelofen, Erinnerungsstücke wie die südamerikanischen Keramik-Figuren, Gemäldereproduktionen des mexikanischen Malers Diego Riviera, mit dem sie befreundet war, und ein Briefautograf des Schriftstellers Heinrich Heine – ein Geschenk ihres Vaters, des Kunsthändlers Isidor Reiling, als ›Rücklage‹ in der Emigration.

Berlin-Adlershof, Anna-Seghers-Straße 81: Die DDR-Vorzeigeschriftstellerin wollte keinen Luxus und keine Villa. Mit ihrem Mann Lászlo Radványi wohnte sie seit 1955 in der oberen Etage des schlichten Miethauses aus den frühen 1950er Jahren. Die komplette Wohnung ist erhalten und als Anna-Seghers-Gedenkstätte zugänglich. Oben: Gedenktafel am Haus

Die Erstausgabe von Anna Seghers' berühmten Roman »Das siebte Kreuz« erschien 1942 im Exilverlag »El Libro Libre« in Mexiko, der von deutschen Schriftstellern und Intellektuellen gegründet worden war.

Schon vor dem Zweiten Weltkrieg hatte Seghers, die in einem Mainzer Gründerzeitmiethaus in der Parcusstraße 5 aufgewachsen war, in Berlin gelebt. Mit ihrem Mann, dem ungarischen Soziologen und Kommunisten László Radványi (1900–1978), der hier die Leitung der Marxistischen Arbeiterschule übernahm, ließ sie sich 1925 im Stadtteil Wilmersdorf nieder. 1928 bezogen sie eine Wohnung in der Helmstedter Straße 24.

Die promovierte Kunsthistorikerin, junge Ehefrau und Mutter von zwei kleinen Kindern machte sich als Schriftstellerin schnell einen Namen. Für ihre Erzählungen »Grubetsch« und »Aufstand der Fischer von St. Barbara« erhielt sie den renommierten Kleistpreis. Es war eine kurze Zeit des familiären Glücks und der ersten beruflichen Erfolge, die 1933 mit Hitlers Machterhebung und ihrer Flucht aus Nazi-Deutschland jäh endete.

In ihren in mehr als vierzig Sprachen übersetzten, häufig verfilmten Büchern thematisiert Seghers vielfach Faschismus, Verfolgung und Widerstand und, nicht zuletzt, den Kommunismus als bessere Gesellschaftsform. Sie wollte, sagte sie, »nicht nur schreiben, um zu beschreiben, sondern um beschreibend zu verändern«. Weltberühmt wurde »Das siebte Kreuz« (1942), der bekannteste antifaschistische Roman, in dem sie ergreifend die tragische Flucht von sieben Häftlingen aus einem Nazi-KZ schildert.

Ihr persönliches Image ist heute wegen ihrer unbedingten Loyalität zur DDR-Regierung getrübt. So schwieg sie bei den Schauprozessen, u. a. 1956 gegen ihren Parteigenossen, den Leiter des Ostberliner Aufbau Verlags Walter Janka, der wegen angeblicher staatsfeindlicher Aktivitäten zu einer Zuchthausstrafe verurteilt wurde.

Wie viele andere Prominente ruht Seghers auf dem Dorotheenstädtischen Friedhof in der Berliner Chausseestraße.

MARGARETE STEIFF
Kunsthandwerkerin, Unternehmerin

1847 Giengen an der Brenz/Baden-Württemberg –
1909 Giengen an der Brenz/Baden-Württemberg

Als junge Unternehmerin

Während ihre Stofftiere in die ganze Welt gingen, verbrachte Margarete Steiff ihr gesamtes Leben im schwäbischen Provinzstädtchen Giengen an der Brenz, das mit Steiff-Shop, Steiff-Museum und Schauwerkstatt bis heute ganz auf ihre Produkte eingestellt ist.

Von hier aus baute sie hartnäckig und zielstrebig ihr Unternehmen auf. Schon früh scheint sie erkannt zu haben, dass sie eigenes Geld verdienen muss. Mit eineinhalb Jahren an Kinderlähmung erkrankt, konnte sie nicht laufen und auch den rechten Arm nur eingeschränkt bewegen und wäre ohne Beruf lebenslang von ihren Eltern abhängig geblieben, denn einen Ehemann zu finden, war als behinderte Frau damals aussichtslos. Ihre Familie, aus dem streng protestantischen, pietistisch geprägten schwäbischen Handwerkermilieu stammend, war außerdem arm. Steiff besaß als Kind nicht einmal Krücken, geschweige denn einen Rollstuhl, und musste überallhin getragen werden.

Giengen an der Brenz (Baden-Württemberg), Lederstraße 26: Steiffs Geburtshaus (links). Hier entstand ihr Unternehmen. Das Haus ist kein Museum, kann aber im Rahmen von Führungen besichtigt werden.

Die Steiff-Stofftiere mit dem »Knopf im Ohr« sind seit langem Spielzeugklassiker. Mit dem »Elefäntle« fing alles an.

Trotz ihrer Behinderung besuchte sie eine Nähschule, wurde Schneiderin und nähte Aussteuern für Bräute. Zwischen 1862 und 1873 betrieb sie mit ihren Schwestern Marie und Pauline im Elternhaus in der Lederstraße eine kleine Schneiderei für Damenkleider. Bald schaffte sie die erste Nähmaschine an – in Giengen eine Sensation moderner Technik.

Zu den Stofftieren kam sie durch Zufall. Nach einem Schnittmuster aus der »Modenwelt« nähte sie 1879 einen kleinen Filzelefanten: das »Elefäntle« – eigentlich ein Nadelkissen. Giengener Kinder, die bisher nur Porzellanpuppen, Zinnsoldaten und Holzkasper, aber nichts zum Kuscheln kannten, entdeckten ihn jedoch als Spielzeug. Es war der Beginn eines Welterfolgs: Aus acht Elefanten im Jahr 1880 waren sechs Jahre später mehr als 5000 geworden. Nach und nach entstand Steiffs Plüschtierwelt. Ob Hund, Robbe, Maus oder Kamel – schnell eroberten die weichen und lebensechten Figuren die Herzen der Kinder. Margarete Steiff, die als kleines Mädchen selbst kein Spielzeug besessen hatte, nähte alle Musterfiguren selbst.

Sie war jedoch nicht nur fantasievoll und kreativ, sondern besaß auch ausgeprägten Geschäftssinn. Sie inserierte und ließ Kataloge drucken. Aus einer kleinen häuslichen Werkstatt war 1893 die »Margarete Steiff Filzspielwarenfabrik Giengen/Brenz« geworden. Ihr Bruder Fritz, der das kleine Baugeschäft des Vaters übernommen hatte, hatte 1890 die erste Steiff-Fabrik errichtet. Alle wichtigen Posten der Firma besetzte sie mit Familienmitgliedern, unter ihnen ihr Neffe Richard, der Anfang des 20. Jahrhunderts nicht nur weitere Fabrikgebäude schuf, sondern auch den »Bär 55 PB« mit beweglichen Armen und Beinen entwarf – den weltberühmten Teddybär.

Der Erfolg brachte Steiff die ersehnte Unabhängigkeit: Sie konnte eine Helferin einstellen, der Vater baute ihr ans Elternhaus eigene Räume mit einer Rampe an. Ab 1890 lebte sie sogar im eigenen Haus, das ihr Bruder neben dem heutigen Steiff-Museum gebaut hatte.

CHARLOTTE VON STEIN
geb. von Schardt
Hofdame, Freundin Goethes

1742 Eisenach – 1827 Weimar

Ihr Porträt als Silhouette. Man deutete aus ihnen gern den Charakter der Person. Goethe entdeckte in ihrem Bild Realismus und Sanftmut.

Charlotte von Stein, als traurige Tochter des Hofmarschalls Johann Wilhelm Christian von Schardt in der Weimarer Scherfgasse 3 aufgewachsen, in ihrer Jugend Hofdame der Herzogin → Anna Amalia, wenig glückliche Ehefrau des herzoglichen Oberstallmeisters Ernst Josias von Stein, Mutter von drei Söhnen und vier jung verstorbenen Töchtern, attraktiv, eigenwillig und gebildet, ist heute nur noch aufgrund ihrer Beziehung zu Goethe bekannt.

Sie lernte ihn Ende 1775 kurz nach seiner Ankunft in Weimar kennen. Fast elf Jahre blieb sie, die selbst zeichnete und u. a. das Trauerspiel »Dido« verfasste, die ›mütterliche‹, oft aber auch etwas streng-distanzierte Freundin des sieben Jahre jüngeren Dichters – bis ihre Verbindung durch seinen heimlichen Aufbruch zu einer fast zweijährigen Italienreise einen tiefen Riss erhielt. Sie zerbrach endgültig, als er 1788 seine Lebensgefährtin und spätere Frau → Christiane von Goethe traf.

Erhalten sind um die 1600 Briefe und »Zettelgen« von Goethe an Frau von Stein, in denen er ihr oft seine Liebe erklärte. Ihre Briefe an ihn hatte sie zurückverlangt und vernichtet, sodass man nicht weiß, ob sie vielleicht auch mehr als tiefe Freundschaft für ihn empfand. Trotz einer vorsichtigen Wiederannäherung in späteren Jahren konnte sie die Enttäuschung über seine heimliche Abreise und seine Hinwendung zu einer anderen Frau nie ganz überwinden: »Wenn ich ihn nur aus meinem Gedächtnis wischen könnte«, schrieb sie noch 1792.

Großkochberg (zu Uhlstädt-Kirchhasel/Thüringen), Im Schlosshof 3, Schloss Kochberg:
Mit dem romantischen Park und dem kleinen Privattheater bildet die auf eine mittelalterliche Wasserburg zurückgehende Anlage noch heute ein anschauliches Ensemble der Goethezeit. Das Schlossmuseum gibt einen lebendigen Einblick in den Lebensstil Charlotte von Steins, die sich gern vom Weimarer Hof hierher zurückzog.

Ein Blick in den Roten Salon von Schloss Kochberg mit Frau von Steins Schreibsekretär, den Goethe nach eigenen Entwürfen vom Weimarer Hoftischler Preller für sie anfertigen ließ.

Charlotte von Stein residierte in ihrem großen Weimarer Haus, Ackerwand 25/27, einem direkt am Ilmpark gelegenen Gebäude, das um 1770 aus einem herzoglichen Pferdestall entstanden war. Sie lebte hier fünfzig Jahre lang, bis zu ihrem Tod am 26. Januar 1827. 34 Jahre davon als Witwe; ihr Mann war bereits 1793 gestorben. Ihre Räume und die ehemalige Einrichtung sind nicht erhalten.

Ein authentischerer Ort ist ihr idyllischer Sommersitz Schloss Kochberg, ca. 35 Kilometer südlich von Weimar in der malerischen Landschaft Thüringens gelegen. Das schöne Schlossmuseum bringt mit zum Teil originalen Möbeln, Gemälden, Zeichnungen und Scherenschnitten den Lebensstil Frau von Steins und die Wohnatmosphäre ihrer Epoche lebendig nahe. Den Park ließ ihr Sohn Karl in der damaligen Mode als Landschaftsgarten anlegen: gewundene Wege, eine künstliche Ruine, bunt bepflanzte Blumengärten, ein Badehäuschen mit Teich. Eine Besonderheit ist das neben dem Schloss gelegene klassizistische ›Liebhabertheater‹, in dem – damals wie heute – jeden Sommer Stücke aufgeführt werden, unter ihnen Goethes Singspiel »Erwin und Elmire« mit der Musik der Herzogin Anna Amalia.

Zum informellen Gästekreis zählten vor allem die Weimarer Freunde, neben Goethe u. a. Herzog Carl August, aber auch ihre Patentochter → Charlotte von Schiller, die im nahen Rudolstadt aufgewachsen war.

Von Steins Grab befindet sich auf dem Historischen Friedhof in Weimar.

EVA STRITTMATTER, geb. Braun
Schriftstellerin

1930 Neuruppin/Brandenburg – 2011 Berlin

Mit ihrem Mann Erwin Strittmatter, um 1966

»Ich mach ein Lied aus Stille / Und aus Septemberlicht / Das Schweigen einer Grille geht ein in mein Gedicht […]«. So beginnt ihr oft zitiertes Gedicht »Vor einem Winter«. Mit ihren meist melancholischen Versen in schöner, schlichter Sprache wurde Eva Strittmatter eine der bekanntesten und beliebtesten Lyrikerinnen der DDR und blieb auch nach der politischen Wende eine beachtete ›Stimme aus Brandenburg‹, die Gefühle, Sehnsüchte, Verluste und Lebensbetrachtungen poetisch in Naturbildern auszudrücken versteht wie in »Rotdorn«, »März«, »Maiwind« oder »Julimorgen«.

Lange musste sich die studierte Germanistin, die in jungen Jahren als Literaturkritikerin und wissenschaftliche Mitarbeiterin beim Deutschen Schriftstellerverband und im Kinderbuchverlag Berlin gearbeitet hatte, den Freiraum zum Schreiben regelrecht erkämpfen. Der ausgefüllte Alltag an der Seite des schwierigen, achtzehn Jahre älteren Erwin Strittmatter (1912–1994), der sich bald als *der* volkstümliche Schriftsteller der DDR etablierte, ließ ihr kaum Zeit und Energie.

Schulzenhof (Brandenburg), Schulzenhof 1: Blick auf den ehemaligen Büdnerhof, der 1954 von Eva und Erwin Strittmatter übernommen wurde. Das kleine Haus an der Straße (rechts im Bild) war bereits vorhanden, erst 1971/72 bauten sie auf dem Grundstück ein zweites Wohnhaus. Beide werden nach wie vor privat bewohnt.

Neuruppin (Brandenburg), Alt Ruppiner Allee 81: Das Geburtshaus von Eva Strittmatter

Schon 1954, zwei Jahre vor der Hochzeit, hatten sie sich im brandenburgischen Dorf Schulzenhof niedergelassen, einem unweit des Stechlinsees gelegenen Vorwerk mit nur sieben Häusern. Es war seine Entscheidung gewesen, sie wäre lieber in ihrer Berliner Wohnung am Strausberger Platz geblieben und konnte sich anfangs nur schwer an das Landleben gewöhnen. Erwin Strittmatter »[...] war der Gesetzgeber hier und sein Lebenssystem ist nie meines gewesen«, sagte sie 2011 in einem Zeitungsinterview über ihren Mann und ihr gemeinsames Leben. Während er selbstverständlich an seinen Romanen und Erzählungen arbeitete, rieb sie sich zwischen Landwirtschaft, Haushalt, der Bewirtung zahlreicher Gäste und der Erziehung der drei gemeinsamen Söhne Erwin, Matthes und Jakob sowie ihres Sohnes Ilja (*1951) auf. Dass sie nebenbei die Manuskripte ihres Mannes las und Teile seiner Korrespondenz erledigte, war ebenfalls selbstverständlich. Einblicke in das oft spannungsreiche Familienleben gibt die dreibändige Buchausgabe ihrer »Briefe aus Schulzenhof«. Über ihre Ehe, in der sie an der Seite eines prominenten Autors allerdings auch Reisefreiheit ins westliche Ausland und andere Privilegien genoss, reflektiert sie in ihrem Essay »Mai in Piešt'any« (1986).

Über ihre Kindheit und Jugend gab Eva Strittmatter ihr Leben lang nur wenig preis. Als Tochter eines Bankkaufmanns, der jedoch bereits 1944 starb, wuchs sie in der kleinen brandenburgischen Stadt Neuruppin auf – der Heimatstadt des Schriftstellers Theodor Fontane, der sie in seinen berühmten »Wanderungen durch die Mark Brandenburg« beschreibt. Geboren wurde Strittmatter in der Alt Ruppiner Allee 81 (heute Ärztehaus Schlossgarten), später lebte sie mit ihren Eltern in der Robert-Koch-Straße 2 in der Altstadt.

Mit ihrem Mann ist sie auf dem Schulzenhofer Friedhof bestattet.

COSIMA WAGNER, geb. de Flavigny
Ehefrau von Richard Wagner, Festspielleiterin

1837 Como/Italien – 1930 Bayreuth

1905 auf einer Fotografie von Jacob Hilsdorf

Durch Richard Wagner wurde sie zu einer festen Größe europäischer Kultur- und Musikgeschichte. Obwohl ihre dreizehnjährige Ehe mit dem weltberühmten Komponisten eigentlich nur eine Episode in ihrem 92-jährigen Leben war, blieb er ihr Lebensinhalt.

Als Tochter des kaum weniger prominenten Komponisten und Pianisten Franz Liszt und seiner Lebensgefährtin, der Schriftstellerin Marie Gräfin d'Agoult, war Cosima Wagner in eine künstlerische und weltoffene Sphäre hineingeboren worden, verbrachte aber eine wenig glückliche Kindheit. Ihre Eltern trennten sich bald, und sie wuchs hauptsächlich bei ihrer Großmutter Anna Liszt in Paris auf. 1855 kam sie zur weiteren Erziehung nach Berlin, wo sie ihren ersten Mann, den Dirigenten und Richard-Wagner-Verehrer Hans von Bülow kennenlernte, der einst ein Lieblingsschüler ihres Vaters gewesen war. Bülow hatte ihr Klavierunterricht gegeben, während sie mit ihrer Schwester Blandine bei dessen Mutter in der Wilhelmstraße lebte. Die musikalisch hochbegabte Cosima wurde eine sehr gute Pianistin.

Bayreuth, Richard-Wagner-Straße 48, Haus Wahnfried: Die 1873/74 von Architekt Carl Wölfel erbaute Neorenaissance-Villa war 56 Jahre lang ihr Lebensmittelpunkt. In den rekonstruierten Wohnräumen des im Zweiten Weltkrieg zum Teil zerstörten Hauses befindet sich das Bayreuther Richard-Wagner-Museum.

Das Festspielhaus auf dem Grünen Hügel in Bayreuth, 1872 bis 1875 von Otto Brückwald nach Entwürfen von Gottfried Semper und Richard Wagner zur Aufführung seiner Opern erbaut. Nach seinem Tod 1883 leitete Cosima Wagner die jährlichen Festspiele.

Aber auch mit Bülow, mit dem sie später in München lebte (Adressen Arcostraße und Luitpoldstraße 15 nicht erhalten), war sie nicht glücklich. Ihre Ehe betrachtete sie bald als Irrtum. Alles änderte sich, als sie dem 24 Jahre älteren Richard Wagner wiederbegegnete, den sie bereits als 15-Jährige in Paris kennengelernt hatte – ihren »Erretter« und »Wendepunkt«. Jahrelang war sie seine heimliche Geliebte, bis sie nach ihrer Scheidung 1870 heiraten konnten. Auch wenn sie Bülow gegenüber Schuldgefühle empfand, genoss sie das außergewöhnliche Leben an der Seite des schillernden, von seinen Anhängern fast gottgleich verehrten Richard Wagner. Ihre heute als Buch veröffentlichten Tagebücher geben detailliert Auskunft darüber.

1874 bezogen sie die am Rand von Bayreuths Hofgarten gelegene »Villa Wahnfried«, das heutige Richard-Wagner-Museum. Den Bau hatte der bayerische König Ludwig II., ein großer Wagner-Förderer, gesponsert. Die Villa war Privathaus und Arbeitsstätte zugleich. Im Erdgeschoss befanden sich die Repräsentationsräume wie der große Saal, der als Wohnraum und Musiksalon diente, die Halle, in der die Proben zu den Wagner-Festspielen abgehalten wurden, sowie Cosimas »Lila Salon«.

Als etwas »zeremoniös«, aber sehr beeindruckende Erscheinung beschrieben, war sie die unbestrittene Chefin des Hauses, zu dem die drei gemeinsamen Kinder Isolde, Eva und Siegfried sowie ihre Töchter aus erster Ehe Daniela und Blandine gehörten. Sie kümmerte sich um die zahlreichen Empfänge und musikalischen Abende und managte die Familienfinanzen, da sich Richard Wagner um »profane« Geldangelegenheiten keine Gedanken machte.

Auch nach dem Tod ihres Mannes, neben dem sie 47 Jahre später im Garten der Villa bestattet wurde, blieb »Wahnfried« die ›Kommandozentrale‹, von der aus sie den Wagner-Kult pflegte und bis 1906 die Festspiele leitete.

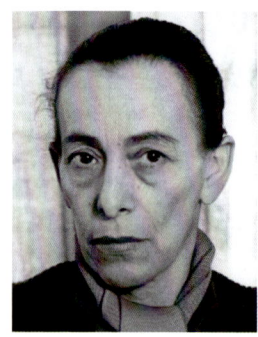

HELENE WEIGEL
Schauspielerin, Theaterintendantin

1900 Wien – 1971 Berlin/DDR

Porträtaufnahme von 1950

Das wechselvolle Leben von Helene Weigel ist exemplarisch für eine linke, jüdische Künstlerin ihrer Zeit. Nach beruflichen Erfolgen in den 1920er Jahren stand sie mit Beginn der NS-Zeit vor dem Nichts. Sie verbrachte fünfzehn Jahre im Exil, zuletzt in den USA, von wo sie 1948 nach Deutschland zurückkehrte und sich für ein Leben in der DDR bzw. in Ostberlin entschied.

Als 22-jährige Schauspielerin war die Wienerin erstmals nach Berlin gekommen. Sie spielte am Staatstheater, der Volksbühne und am Deutschen Theater, wo sie 1923 den bald weltbekannten Dramatiker Bertolt Brecht (1898–1956) kennenlernte. 1929 heirateten sie. 33 Jahre verbrachte Weigel an seiner Seite.

Mit ihrem »außerordentlich dramatischen Talent« (Brecht-Lexikon) wurde sie zur idealen Interpretin seiner Frauenfiguren. Ganz im Sinn seiner kommunistischen »Lehrstücke«, in denen die Zuschauer keine Gefühle »konsumieren«, sondern etwas lernen sollen, spielte sie u. a. die »Mutter Courage«, die ihre Paraderolle wurde.

Gemeinsam gründeten sie 1949 das legendäre Berliner Ensemble im Theater am Schiffbauerdamm. Während er künstlerischer Leiter war, führte sie das Haus als Intendantin, auch nach seinem Tod – ganz nach seinen Vorstellungen, wenn auch nicht immer zur Freude der DDR-Obrigkeit.

Buckow (Brandenburg), Bertolt-Brecht-Straße 30, Brecht-Weigel-Haus: Ab 1952 bewohnte sie mit Brecht das frühere Atelierwohnhaus des Bildhauers Georg Roch, das Bruno Möhring 1910/11 am Ufer des Schermützelsees erbaut hatte. Es war Sommerfrische sowie Arbeits- und »Gesprächsort« für Künstlerfreunde. In der Gedenkstätte sind die schönen schlichten Wohnräume zu sehen, die Weigel einst mit altdeutschen Bauernmöbeln einrichtete.

Blick über die Spree auf den Schiffbauerdamm in Berlin. Etwas zurückgesetzt das Berliner Ensemble, das legendäre Theater von Helene Weigel und Bertolt Brecht

Auch den Alltag hatte »Helli« stets organisiert: vom Haushalt über die Erziehung ihrer Kinder Barbara und Stefan bis zu Behördengängen oder der Beschaffung von Theaterrequisiten. Die Ehe mit Brecht war nicht einfach, denn er hatte immer wieder »untragbare Weibergeschichten« (Weigel), die er auch für seine Arbeit einspannte, darunter die Autorin und Übersetzerin Margarete Steffin. »Das war zwischen uns eine große Liebesbeziehung«, so Weigel später. »Und das hat alles sehr, sehr weh getan.«

Räumlich lebten sie teils getrennt, teils in gemeinsamen Haushalten. Bis auf Weigels Wohnung in der Babelsberger Straße 52 im Berliner Stadtteil Wilmersdorf sind ihre Vorkriegsadressen nicht erhalten. Die Wohnsitze, die sie nach ihrer Rückkehr aus dem US-amerikanischen Exil bezogen, gibt es bis heute. Neben ihrem Sommerhaus im brandenburgischen Kurort Buckow sind das die spätklassizistische kleine Villa Berliner Allee 185 (früher 190) im Stadtteil Weißensee am nördlichen Rand Berlins und das Altberliner Mietshaus Chausseestraße 125, die heutige Berliner Brecht-Weigel-Gedenkstätte im Stadtteil Mitte – ganz in der Nähe ihres Theaters. Er lebte hier seit 1953 in der ersten und sie in der zweiten Etage des Seitenflügels. Nach seinem Tod überließ sie ihre Wohnung dem von ihr gegründeten Bertolt-Brecht-Archiv und zog selbst ins Erdgeschoss. Während seine Räume vollständig erhalten sind, können von Weigels letzter Wohnung nur noch Teile besichtigt werden.

Neben ihrem Mann, den sie um fünfzehn Jahre überlebte, ruht Weigel auf dem Dorotheenstädtischen Friedhof, der an das Wohnhaus in der Chausseestraße grenzt.

WILHELMINE MARKGRÄFIN VON BAYREUTH, geb. Prinzessin von Preußen

1709 Potsdam – 1758 Bayreuth

Ihre Büste am Bayreuther Schloßberglein

Wilhelmine Markgräfin von Bayreuth war die Lieblingsschwester des preußischen Königs Friedrich II. (»der Große«), mit dem sie die Abscheu gegen ihren Vater Friedrich Wilhelm I. (»Soldatenkönig«) verband. Ihre Kindheit war durch seinen spartanischen Lebensstil, vor allem aber durch seinen Despotismus überschattet. Brutal zwang der König seinen vierzehn Kindern seinen Willen auf. In ihren Memoiren »Denkwürdigkeiten« zeichnete Wilhelmine ein Schreckensbild der Zustände im brandenburgischen Schloss Königs Wusterhausen, dem Lieblingsschloss ihres Vaters, das sie spöttisch als »sogenanntes Palais« beschreibt, »von einem Erdwall und einem Graben umgeben, dessen schwarzes und fauliges Wasser dem Styxe glich«. Mit ihrer Schwester Charlotte wohnte sie beengt in zwei Dachstübchen, sie aßen mit ihrem Gefolge unter einem Zelt im Hof. Niemand wurde richtig satt.

1731 heiratete sie Friedrich Markgraf von Brandenburg-Bayreuth (1711–1763). Er teilte zwar ihre kulturellen Interessen, kränkte sie jedoch schwer, als er ihre Hofdame und Vertraute Wilhelmine Dorothea von der Marwitz, die sie mit nach Bayreuth gebracht hatte, zur Mätresse nahm. »Konnte ich denken«, sagte die Markgräfin rückblickend, »daß sie mich grausamer verraten würde, indem sie mir das Teuerste raubte, was ich besaß, nämlich das Herz meines Gatten.«

Bayreuth, Ludwigstraße 21, Neues Schloss: Ihre ehemalige Residenz wurde 1753 von Hofarchitekt Joseph Saint-Pierre erbaut. Heute ist sie als Museum zugänglich, in dem u. a. das Spiegelscherbenkabinett und das Alte Musikzimmer zu sehen sind – beides Entwürfe von Wilhelmine. Die Ausstellung »Das Bayreuth der Markgräfin Wilhelmine« informiert über sie.

Königs Wusterhausen (Brandenburg), Schlossplatz 1: Pünktlich zur Jagdsaison zog ihr Vater Friedrich Wilhelm I. mit seiner Familie vom Berliner Hof in sein Jagdschloss, das Wilhelmine hasste. »In Berlin hatte ich das Fegefeuer, in Wusterhausen aber die Hölle zu erdulden«, schrieb sie in ihren Erinnerungen.

Wilhelmine, die froh gewesen war, der dürftigen Hofhaltung ihres Vaters zu entfliehen, war zunächst entsetzt, als sie an den Bayreuther Hof kam, den sie in ihren Memoiren mit einem Bauernhof verglich. Erst nach dem Tod ihres Schwiegervaters und ihrer Ernennung zur Markgräfin im Jahr 1735 konnte sie das damals unbedeutende Land repräsentativ umgestalten. Mit Festen, Maskenbällen und Musikveranstaltungen brachte sie Glamour in das kleine Fürstentum, mit ehrgeizigen Neubauprojekten, darunter ihre Stadtresidenz, das Märkgräfliche Opernhaus, der Landschaftsgarten Sanspareil und das am Stadtrand gelegene Neue Schloss Eremitage, prägte sie das Bayreuther Rokoko.

Wilhelmine war selbst künstlerisch begabt, sie dichtete, malte und komponierte (Oper »Argenore«, 1740), war Opernintendantin, trat gelegentlich als Schauspielerin auf und führte Regie.

Im Volk war sie unbeliebt, zumal sie ihre Bautätigkeit zum Teil durch erhöhte Steuerabgaben finanzierte. »Ich glaube, daß sie auf einem Thron eine berühmte Frau geworden wäre, ihr ganzes Denken wäre auf das Große, auf eine tüchtige Wirksamkeit gerichtet gewesen, während sie jetzt nichts Großes findet, womit sie sich beschäftigen könnte. Sie gibt sich einer Pracht hin, die für ihr Land zu groß ist und es ruiniert«, schrieb der preußische Kammerherr Ernst Ahasverus Reichsgraf von Lehndorff 1753 in sein Tagebuch.

Markgräfin Wilhelmine, die im Alter von 49 Jahren starb, ruht mit ihrem Mann und ihrem einzigen Kind Elisabeth Friederike Sophie (1732–1789) in der Fürstengruft in der Bayreuther Schlosskirche.

CHRISTA WOLF, geb. Ihlenfeld
Schriftstellerin

1929 Landsberg an der Warthe/heute Gorzów Wielkopolski (Polen) – 2011 Berlin

Die literarische Stimme der deutschen Nachkriegsgeschichte

Christa Wolf, die in Leipzig und Jena Germanistik studiert hatte, kam 1953 nach Ostberlin, damals die Hauptstadt der DDR. Bis auf eine kurze Zeit als Lektorin des Mitteldeutschen Verlags in Halle/Saale (Wohnung Amselweg 34) und einige Jahre im brandenburgischen Kleinmachnow blieb Berlin ihre Wahlheimat. Sie arbeitete als wissenschaftliche Mitarbeiterin des Schriftstellerverbands, Cheflektorin des Verlags »Neues Leben«, Redakteurin der Zeitschrift »Neue Deutsche Literatur« und seit 1962 als freie Schriftstellerin.

Zu ihren Adressen gehörten eine kleine Dachwohnung in der Stechlinstraße 4 im Stadtteil Karlshorst, die Friedrichstraße 133, gegenüber dem legendären Revuetheater Friedrichstadtpalast, und seit 1988 ihre letzte Wohnung am noblen Amalienpark in Pankow.

Die Jahre 1962 bis 1976 verbrachte sie in Kleinmachnow, das damals im Grenzgebiet zu Westberlin lag. Mit ihren beiden Töchtern und ihrem Mann, dem Autor und Verleger Gerhard Wolf, den sie in Jena kennengelernt hatte, wohnte sie zunächst in der Förster-Funke-Allee 26 und ab 1968 in der Fontanestraße 20, einer Villa des renommierten DDR-Architekten Hermann Henselmann aus dem Jahr 1933, an einem Hang

Berlin-Pankow, Amalienpark 7: 1988 zogen Christa und Gerhard Wolf in die hochherrschaftliche Wohnanlage, die Architekt Otto March 1896/97 erbaut hatte. Im Vorgarten erinnert die Skulptur »Maske der Medea« von Christine Dewerny aus dem Jahr 1996 an die prominente Schriftstellerin und ihren Roman »Medea. Stimmen«.

Christa Wolf mit Ehemann Gerhard 1963 in ihrer Wohnung im brandenburgischen Kleinmachnow

in waldiger Umgebung gelegen – aber nur scheinbar eine Idylle. Die Familie wurde von der DDR-Staatssicherheit überwacht, Briefe wurden geöffnet, das Telefon abgehört. Denn Christa Wolf, seit 1949 Mitglied der regierenden SED (Sozialistische Einheitspartei Deutschlands) und keineswegs in der Opposition, hatte verhaltene Kritik am Dogmatismus der DDR geübt. 1976 schloss sie sich dem Protest gegen die Ausbürgerung des Liedermachers Wolf Biermann an.

Sie galt als prominenteste DDR-Autorin, wurde von Anfang an aber auch im Westen gelesen, den sie, im Gegensatz zum »normalen« DDR-Bürger, regelmäßig besuchen durfte.

Wie im Leben changierte sie in ihren häufig autobiografisch inspirierten Werken zwischen Anpassung und Kritik. Einerseits war sie davon überzeugt, dass Literatur dem Sozialismus dienen sollte, andererseits ließ sie kritische Töne in ihre Bücher einfließen: So geht der Chemiker Manfred in ihrer Erzählung »Der geteilte Himmel« (1963) in den Westen, während sich seine Freundin Rita für die DDR entscheidet. Und in ihrer Erzählung »Nachdenken über Christa T.«, einer fiktiven Erinnerung an eine tote Freundin, stirbt Christa T. an Leukämie, »aber sie leidet an der DDR«, wie es der Literaturkritiker Marcel Reich-Ranicki zugespitzt formulierte.

1989, kurz vor dem Mauerfall, trat Christa Wolf aus der SED aus und setzte sich dafür ein, »aus dem eigenen Land heraus Veränderungen« zu bewirken. Hoch geehrt, als ehemalige »DDR-Staatsautorin« aber oft auch hart angegriffen, bewahrte sie sich auch nach der Wiedervereinigung Deutschlands ihren Platz als beachtete literarische Stimme.

Auf dem Dorotheenstädtischen Friedhof in Berlin-Mitte ist sie neben vielen anderen Berühmtheiten bestattet.

CLARA ZETKIN, geb. Eißner
Politikerin, Journalistin, Pädagogin

1857 Wiederau/Sachsen (heute zu Königshain) –
1933 Archangelskoje bei Moskau

Clara Zetkin (li.) mit Rosa Luxemburg im Garten ihres Hauses
(Bronzeskulptur von Gerhard Thieme)

Neben → Rosa Luxemburg war Clara Zetkin eine der einflussreichsten politischen Aktivistinnen des frühen 20. Jahrhunderts. Sie gehörte zur Führungselite der deutschen Kommunisten, war Galionsfigur der linken Frauenbewegung und eine der ungewöhnlichsten Persönlichkeiten ihrer Zeit – redegewandt, unerschrocken und durchsetzungsfähig. Als Alterspräsidentin des Reichstags rief sie am 30. August 1932 zur Einheitsfront aller Werktätigen gegen den Faschismus auf, eine Forderung, die keine Resonanz fand: Fünf Monate später kam Hitler an die Macht.

Zetkin führte zunächst ein bürgerliches Leben: Lehrertochter, Besuch eines Lehrerinnenseminars in Leipzig und Anstellung als Hauslehrerin – bis sie den Sozialisten Ossip Zetkin (1850–1889) kennenlernte. Sie trat der Sozialistischen Arbeiterpartei bei (seit 1890 Sozialdemokratische Partei Deutschlands, SPD), war 1916 Mitbegründerin des Spartakusbundes und ab 1919 Mitglied der neu gegründeten Kommunistischen Partei Deutschlands.

Birkenwerder (Brandenburg), Summter Straße 4: In dem stattlichen Landhaus, das 1911/12 für den Maler Karl Drabig erbaut wurde, lebte die Politikerin von 1929 bis 1932. Im Erdgeschoss befindet sich heute eine öffentliche Bibliothek, im Obergeschoss die Clara-Zetkin-Gedenkstätte mit zum Teil originalen Möbeln, wie ihrem Schreibtisch, und einigen Büchern ihrer einst umfangreichen Bibliothek.

Gutbürgerlich: Zetkins ehemalige Wohnräume in Birkenwerder

Ab 1882 lebte sie mit Ossip Zetkin, der aus Leipzig ausgewiesen worden war, in Paris. Sie heiratete ihn nicht, um die deutsche Staatsangehörigkeit nicht zu verlieren, nahm aber seinen Namen an. Nach seinem tragischen frühen Tod im Alter von nur 39 Jahren kehrte sie mit ihren Söhnen Maxim und Konstantin nach Deutschland zurück und ließ sich in Stuttgart-Sillenbuch nieder, wo sie das Waldheim in der Gorch-Fock-Straße 26 als Erholungsstätte für Arbeiterfamilien mit initiierte. 1899 heiratete sie den achtzehn Jahre jüngeren Maler Friedrich Zundel, von dem sie 1928 wieder geschieden wurde.

Sie war Redakteurin der Arbeiterinnenzeitschriften »Die Gleichheit« und »Die Kommunistin«, schrieb unermüdlich über die Frauenemanzipation und die Arbeiterbewegung, unternahm Vortragsreisen, sprach auf Parteiveranstaltungen und verfasste Bücher, darunter eine Biografie über Karl Liebknecht und »Lenins Vermächtnis für die Frauen der Welt«. Von 1920 bis 1933 saß sie als Abgeordnete ihrer Partei im Berliner Reichstag.

Um in der Nähe einen Wohnsitz zu haben, erwarb Zetkin, die sich häufig bei ihrem Sohn Maxim in Moskau aufhielt, 1929 das Landhaus in der Summter Straße 4 im brandenburgischen Birkenwerder. »Ein Haus mit sonnigen Zimmern und einem größeren, abgeschlossenen Garten, in dem ich spazieren, humpeln und eingepackt liegen kann.«

Nach Hitlers Machtübernahme wurde es konfisziert, ihre Bücher und Schriften beschlagnahmt. Zetkin, die trotz Herzasthma und zunehmender Sehschwäche bis zuletzt für ihre Partei gearbeitet hatte, starb am 20. Juni 1933 in Archangelskoje bei Moskau und wurde an der Moskauer Kremlmauer beigesetzt.

Ihr Sohn Maxim erhielt das Haus in Birkenwerder später von den DDR-Behörden rückübertragen. Auf seine Initiative hin wurde die Clara-Zetkin-Gedenkstätte eingerichtet. Auch in ihrem Elternhaus, dem heutigen Museum »Alte Dorfschule« im sächsischen Wiederau, wird an sie erinnert.

ORTSREGISTER

AACHEN, Pastorplatz 1 (Anne Frank)

BADEN-BADEN, Lichtentaler Hauptstraße 8 (Clara Schumann)

BAD KISSINGEN (Bayern), Marbachweg 1, Villa Sotier (Cecilie von Preußen)

BAD KÖSEN (zu Naumburg/Sachsen-Anhalt)
Kukulauer Straße 11 und Rudolf-Breitscheid-Straße 11 (Käthe Kruse) und
Am Kunstgestänge (Romanisches Haus): Käthe-Kruse-Puppen-Museum

BAD TÖLZ (Bayern), Heißstraße 25 (Katia Mann)

BAYREUTH, Eremitagestraße 2, Museum Neues Schloss Eremitage und
Ludwigstraße 21, Museum Neues Schloss (Wilhelmine Markgräfin von Bayreuth)
Richard-Wagner-Straße 48, Richard-Wagner-Museum (Cosima Wagner)

BERLIN-Adlershof, Anna-Seghers-Straße 81, Anna-Seghers-Gedenkstätte
BERLIN-Charlottenburg, Fasanenstraße 13 (Käthe Kruse)
Fasanenstraße 69 (Asta Nielsen) / Luisenplatz 3 (Lotte Lenya)
Meinekestraße 6 (Irmgard Keun) / Spandauer Damm 20–24, Schloss Charlottenburg,
Luisenwohnung und Mausoleum im Park (Luise Königin von Preußen)
BERLIN-Friedenau, Büsingstraße 16 (Hannah Höch)
Cranachstraße 58 (Rosa Luxemburg) / Varziner Straße 2 (Hildegard Knef)
Wielandstraße 23 (Rosa Luxemburg)
BERLIN-Heiligensee, An der Wildbahn 33 (Hannah Höch)
BERLIN-Karlshorst, Stechlinstraße 4 (Christa Wolf)
BERLIN-Mitte, Auguststraße 14 u. Rosa-Luxemburg-Straße 3 (Regine Hildebrandt)
Chausseestraße 125, Brecht-Weigel-Gedenkstätte (Helene Weigel)
Friedrichstraße 133 (Christa Wolf)
BERLIN-Pankow, Amalienpark 7 (Christa Wolf) / Rudolf-Ditzen-Weg 14
(Margot Honecker) / Rudolf-Ditzen-Weg 18/20 (Hilde Benjamin)
BERLIN-Schmargendorf, Heydenstraße 30 (Leni Riefenstahl)
BERLIN-Schöneberg, Leberstraße 33 (Hildegard Knef)
Leberstraße 65 (Marlene Dietrich) / Motzstraße 7 (Else Lasker-Schüler)
BERLIN-Tegel, Adelheidallee 19/20, Schloss Tegel (Caroline von Humboldt)
BERLIN-Weißensee, Berliner Allee 185 (Helene Weigel)
BERLIN-Westend, Bayernallee 10 (Elly Beinhorn) / Bayernallee 14 (Lotte Lenya)
BERLIN-Wilmersdorf, Babelsberger Straße 52 (Helene Weigel)
Helmstedter Straße 24 (Anna Seghers)

BERNAU bei Berlin (Brandenburg),
Waldsiedlung Wandlitz, Habichtweg 5 (Margot Honecker)

BINGEN AM RHEIN (Rheinland-Pfalz),
Klosterruine Rupertsberg (Hildegard von Bingen)

BIRKENWERDER (Brandenburg), Summter Straße 4, Clara-Zetkin-Gedenkstätte

BONN, Adenauerallee 139, ehem. Kanzlerbungalow (Loki Schmidt)

BREMEN-Schwachhausen,
Schwachhauser Heerstraße 23 (Paula Modersohn-Becker)

BUCKOW (Brandenburg)
Bertolt-Brecht-Straße 30, Gedenkstätte Brecht-Weigel-Haus (Helene Weigel)
BURG (Sachsen-Anhalt), Neuendorfer Straße 2 (Brigitte Reimann)

CROTTORF (zu Friesenhagen/Rheinland-Pfalz),
Krottorf 2, Schloss Crottorf (Marion Gräfin Dönhoff)

DESSAU-ROSSLAU (Sachsen-Anhalt), Ebertallee 63 (Lucia Moholy)
DONAUWÖRTH (Bayern), Pflegstraße 21 a: Käthe-Kruse-Puppen-Museum
DRESDEN-Friedrichstadt, Friedrichstraße 46 (Paula Modersohn-Becker)
DRESDEN-Strehlen, Wiener Straße 110 (Gret Palucca) und
Basteiplatz 4, Palucca Hochschule für Tanz
DÜSSELDORF-Carlstadt,
Bilker Straße 15, Schumann-Gedenkstätte (Clara Schumann)
DÜSSELDORF-Kaiserswerth,
Suitbertus-Stiftsplatz 3, Museum Kunstarchiv Kaiserswerth (Hilla Becher)
DÜSSELDORF-Wittlaer,
Am Mühlenkamp, Einbrunger Künstlermühle (Hilla Becher)

ERFURT (Thüringen), Anger 37/38 (Caroline von Humboldt)
ERLANGEN (Bayern), Hauptstraße 23 (Emmy Noether)
ETTERSBURG (Thüringen), Am Schloss 1, Schloss Ettersburg (Anna Amalia)

FORCHTENBERG (Baden-Württemberg), Hauptstraße 14 (Sophie Scholl)
FRANKFURT AM MAIN-Dornbusch,
Marbachweg 307 und Ganghoferstraße 24 (Anne Frank)
FRANKFURT AM MAIN-Innenstadt,
Großer Hirschgraben 23-25, Museum Goethehaus (Catharina Elisabeth Goethe)
FRANKFURT AM MAIN-Westend, Myliusstraße 32 (Clara Schumann)
FÜRTH-Dambach (Bayern), Merkurstraße 41 (Grete Schickedanz)

GELBENSANDE (Mecklenburg-Vorpommern),
Am Schloss 1, Museum Jagdschloss Gelbensande (Cecilie von Preußen)
GIENGEN an der Brenz (Baden-Württemberg),
Lederstraße 26 (Margarete Steiff) und Margarete-Steiff-Straße 1, Steiff-Museum
GÖTTINGEN (Niedersachsen),
Friedländer Weg 57 und Stegemühlenweg 51 (Emmy Noether)
GROSSKOCHBERG (zu Uhlstädt-Kirchhasel/Thüringen),
Im Schlosshof 3, Museum Schloss Kochberg (Charlotte von Stein)

HALLE/Saale (Sachsen-Anhalt),
Amselweg 34 (Christa Wolf) / Rathausstraße 7 (Sarah Kirsch)
HAMBURG-Altstadt, Steinstraße 13 (Heidi Kabel)
HAMBURG-Blankenese, Am Pumpenkamp 4 (Marion Gräfin Dönhoff)

HAMBURG-Harvestehude, Nonnenstieg 26 (Evelyn Hamann)
HAMBURG-Langenhorn, Neubergerweg 80 (Loki Schmidt)
HAMBURG-Nienstedten, Langelohstraße 8 (Heidi Kabel)
HAVIXBECK (bei Münster), Schonebeck 6, Droste-Museum Burg Hülshoff
HIDDENSEE-Vitte (Mecklenburg-Vorpommern),
Zum Seglerhafen 7, Asta-Nielsen-Haus
HOHENZIERITZ (Mecklenburg-Vorpommern),
Schulstraße 1, Gedenkstätte Schloss Hohenzieritz (Luise Königin von Preußen)
HOYERSWERDA-Neustadt (Sachsen),
Liselotte-Herrmann-Straße 20 (Brigitte Reimann)
HUSUM (Schleswig-Holstein),
König-Friedrich V.-Allee, Museum Schloss vor Husum (Franziska zu Reventlow)

JENA (Thüringen), Jenergasse 16 (Sophie Mereau-Brentano)
Schillergäßchen 2, Museum Schillers Gartenhaus (Charlotte von Schiller)

KLEINMACHNOW (Brandenburg), Förster-Funke Allee 26 und
Fontanestraße 20 (Christa Wolf) / Gradnauer Straße 18 (Hildegard Knef) /
Käthe-Kollwitz-Straße 7 (Lotte Lenya)
KÖLN-Braunsfeld, Eupener Straße 19 (Irmgard Keun)
KÖLN-Innenstadt, Trajanstraße 10 (Irmgard Keun)
KÖNIGS WUSTERHAUSEN (Brandenburg), Schlossplatz 1, Museum
Schloss Königs Wusterhausen (Wilhelmine Markgräfin von Bayreuth)

LEIPZIG-Zentrum, Inselstraße 18, Museum Schumannhaus (Clara Schumann)
LIMLINGERODE (zu Hohenstein/Thüringen),
Lange Reihe 11 (Sarah Kirsch)
LUDWIGSBURG (Baden-Württemberg), Schillerplatz 7 (Sophie Scholl)
LUTHERSTADT WITTENBERG (Sachsen-Anhalt),
Collegienstraße 54, Museum Lutherhaus (Katharina Luther)

MAINZ, Parcusstraße 5 (Anna Seghers)
MEERSBURG (Baden-Württemberg), Stettener Str. 1, Droste-Museum »Fürstenhäusle« u. Schlossplatz 10, Museum Burg Meersburg (Annette von Droste-Hülshoff)
MORITZBURG (Sachsen), Käthe-Kollwitz-Gedenkstätte Meißner Straße 7
MÜNCHEN-Bogenhausen, Thomas-Mann-Allee 10 (Katia Mann)
MÜNCHEN-Schwabing, Franz-Joseph-Straße 13 (Sophie Scholl)
Helmtrudenstraße 5 (Franziska zu Reventlow)
MÜNSTER
Am Rüschhaus 81, Museum Haus Rüschhaus (Annette von Droste-Hülshoff)
MURNAU am Staffelsee (Bayern),
Kottmülleralle 6, Museum Münter-Haus (Gabriele Münter)

NAUMBURG/Saale (Sachsen-Anhalt),
Weingarten 18, Gedenkstätte Nietzsche-Haus (Elisabeth Förster-Nietzsche)
NEUBRANDENBURG (Mecklenburg-Vorpommern),
Gartenstraße 6, Brigitte-Reimann-Literaturhaus
NEURUPPIN (Brandenburg),
Alt Ruppiner Allee 81 und Robert-Koch-Straße 2 (Eva Strittmatter)
NIMBSCHEN (bei Grimma/Sachsen),
Klosterruine Marienthron (Katharina Luther)
NÜRNBERG-Altstadt, Bergstraße 10 (Maria Sibylla Merian)

ODERNHEIM am Glan (Rheinland-Pfalz),
Klosterruine Disibodenberg (Hildegard von Bingen)

PARETZ (zu Ketzin/Havel/Brandenburg),
Parkring 1, Museum Schloss Paretz (Luise Königin von Preußen)
POSSENHOFEN (zu Pöcking/Bayern),
Karl-Theodor-Straße, Schloss Possenhofen und Kaiserin-Elisabeth-Museum
im Bahnhof Possenhofen (Elisabeth Kaiserin von Österreich)
POTSDAM (Brandenburg),
Im Neuen Garten 11, Museum Schloss Cecilienhof (Cecilie von Preußen),
zugleich Gedenkstätte der Potsdamer Konferenz 1945

RÖCKEN (zu Lützen/Sachsen-Anhalt),
Teichstraße 15, Gedenkstätte Nietzsche-Haus (Elisabeth Förster-Nietzsche)
RUDOLSTADT (Thüringen), Lengefeldstraße 1: »Heißenhof« und
Schillerstraße 25, Museum Schillerhaus (Charlotte von Schiller)

SCHULZENHOF (Gemeinde Stechlin/Brandenburg),
Schulzenhof 1 (Eva Strittmatter)
SCHWERIN (Mecklenburg-Vorpommern),
Lennéstraße 1, Schloss Schwerin (Cecilie von Preußen)

TIELENHEMME (Kreis Dithmarschen/Schleswig-Holstein),
Eiderdeich 22 (Sarah Kirsch)
TORGAU (Sachsen), Katharinenstraße 11, Gedenkstätte Katharina-Luther-Stube

ULM (Baden-Württemberg), Olgastraße 39 (Sophie Scholl)

WEIMAR (Thüringen),
Ackerwand 25/27 (Charlotte von Stein)
Frauenplan 1, Museum Goethehaus (Christiane von Goethe)
Humboldtstraße 36, Gedenkstätte Nietzsche-Archiv (Elisabeth Förster-Nietzsche)
Leibnizallee 2 (Lucia Moholy) / Luthergasse 5 (Christiane von Goethe)
Scherfgasse 3 (Charlotte von Stein) / Schillerstraße 12 (Charlotte von Schiller)
Theaterplatz, »Wittumspalais« (Anna Amalia)

WEIMAR-Belvedere, Schloss Belvedere (Anna Amalia)

WEIMAR-Tiefurt, Hauptstraße 14, Schloss Tiefurt (Anna Amalia)

WETZLAR (Hessen), Lottestraße 8–10, Museum Lotte-Haus (Charlotte Kestner)

WIEDERAU (zu Königshain/Sachsen), Rochlitzer Straße 14, Museum »Alte Dorfschule« (Clara-Zetkin)

WIEPERSDORF (Niederer Fläming/Brandenburg), Bettina-von-Arnim-Straße 13, Künstlerhaus Schloss Wiepersdorf mit Arnim-Museum (Bettine von Arnim)

WOLFENBÜTTEL (Niedersachsen), Schlossplatz 13, Museum Schloss Wolfenbüttel (Anna Amalia)

WOLTERSDORF (Brandenburg), Rosenbergstraße 25 (Regine Hildebrandt)

WORPSWEDE (Niedersachsen), Hembergstraße 19, Museum am Modersohn-Haus und Ostendorfer Straße 25: „Brünjeshof" (Paula Modersohn-Becker)

WUPPERTAL-ELBERFELD, Sadowastraße 7 (Else Lasker-Schüler)

ZERBST (SACHSEN-ANHALT), Katharinenweg, Schlossruine Zerbst (Katharina II.) und Katharina-Ausstellung Schlossfreiheit 12 (Rathaus)

Impressum

© Edition Braus Berlin GmbH, 2017
Prinzenstraße 84, Aufgang 2
10969 Berlin
www.editionbraus.de

Lektorat: Anne Scholz

Gestaltung und Herstellung:
typo//designbüro, Uta Thieme, Berlin

Druck und Bindung:
Neografia, a.s., Slowakei

Die Deutsche Nationalbibliothek verzeichnet diese Publikation in der Deutschen Nationalbibliografie; detaillierte bibliografische Daten sind im Internet über http://dnb.d-nb.de abrufbar.

ISBN 978-3-86228-164-0

Bildnachweis:
Die Abbildungen der Wohnhäuser stammen von Christiane Kruse, mit Ausnahme der Seiten 22 und 114/115. Die Bildvorlagen der Porträts und der weiteren Abbildungen wurden uns freundlicherweise von den in den Bildlegenden genannten Museen und Sammlungen zur Verfügung gestellt bzw. stammen aus den Archiven von Christiane Kruse und des Verlags.
© für die Werke von Hannah Höch, Lucia Moholy und Gabriele Münter bei der VG Bild-Kunst, Bonn 2017

Umschlagabbildungen: Katharina Luther, Christa Wolf, Marion Gräfin Dönhoff, Evelyn Hamann